◎ 黎隆武 / 著

海昏十谜

二十一世纪出版社集团
21st Century Publishing Group

序　打开讲好海昏侯另一扇窗

毕虹

　　自 2015 年南昌汉代海昏侯国遗址惊天问世以来，有一批江西本土文化学者，以其文化自觉、自信与自强，投入到海昏侯历史文化研究和传播当中，推出了一批有价值的海昏侯文化产品与研究成果，推动形成了持续至今的海昏侯文化研究与传播热潮。

　　在这批致力于海昏侯文化研究与传播的"苦行僧"中，黎隆武同志毫无疑问是其中取得重要成果的一员。2016 年 3 月，几乎是与海昏侯墓考古发掘工作同步，黎隆武同志出版了他的第一部文学作品《千古悲摧帝王侯——海昏侯刘贺的前世今生》。该书一经推出，便被誉为"海昏侯原创第一书",讲活了海昏侯故事,迅速进入了当年的畅销书排行榜,有力地配合了海昏侯墓考古发掘的宣传工作。在随后的几年时间里,黎隆武同志围绕海昏侯这个主题,又陆续推出了他的另外两部历史纪实小说《隐形天子——霍光的前世今生》《布衣天子——刘询的前世今生》。他的这三本以海昏侯为主题的历史纪实文学作品,被业界誉为"海昏侯三部曲",成为宣传推介海昏侯历史文化的重要作品。与此同时,黎隆武同志以书为媒,开展了数百场海昏侯系列历史文化讲座。在短短四五年时间里,他的足迹遍布了大半个中国的都市文化讲堂和数以百计的高等院校讲坛,哈佛讲坛留下了他的身影,北大、清华、复旦、港大等高校不止一次邀请他去分享交流。进高校,访媒体,入企业,赴基层……他的双休日、节假日大多都在讲好海昏侯故事的路上。他把海昏侯故事从线下讲到线上,从国内讲到国外,从图书馆讲到课堂,从白纸黑字讲到多媒体和影视……始终保持了海昏侯"热度不减、温度不降",所到之处,热潮涌动。黎隆武以他近乎"疯魔"的执着,将海昏侯故事从单一的图书出版事件逐渐演变成多维度的文化传播现象,成为不可多得的海昏侯文化传播志愿者和宣传员。他在传播海昏侯历史文化中,以史为鉴提出的"有权不可任性、年轻不可任性、有颜值不可任性、有功劳不可任性、有靠山不可任性、有冤屈不可任性"等六个"不可任性"历史思考,引起了广泛的社会共鸣。他的这种"以史为鉴"的研究态度和蕴藏在字里行间的文化责任感，使他的海昏侯历史文化研究与传播有了时代的高度和情感的温度。我曾为黎隆武同志的"海昏侯三部曲"都作了序，在其中的一篇序文中评价六个"不可任性"是"海昏侯三部曲"的"魂"，是他讲好海昏侯故事的"魄"。

《海昏十谜》是黎隆武同志讲好海昏侯故事又一新的里程碑式佳作。以设谜解谜的手法来讲述海昏侯故事，是黎隆武同志传播海昏侯文化的一大特点，也是他独特的创作风格。2016年3月，《北京晚报》记者李峥嵘女士曾经推出过一篇对黎隆武的长篇专访，名字就叫《像破案一样写海昏侯》。无独有偶，著名文学评论家李朝全先生在同一年也为黎隆武同志的"海昏侯原创第一书"写过一篇评论，名字叫《"写独特"和"独特写"》。这两位专家不约而同地对黎隆武同志文学创作风格的独特性给予了精准的评价。黎隆武同志曾经有过25年的从警经历，担任过设区市和县一级公安局的局长，他独特的人生经历赋予了他的海昏侯系列书籍太多的探秘色彩。

《海昏十谜》围绕海昏侯墓的考古发掘和墓主人刘贺的人生经历，将海昏侯文化的独特性分解成发现之谜、幸存之谜、财富之谜、身世之谜、称帝之谜、废帝之谜、不杀之谜、庶民之谜、封侯之谜、海昏之谜等十大谜团。"十谜"既是一个整体，又可独立成篇，大大丰富和拓展了讲好海昏侯故事的形式与内容。

《海昏十谜》这本书集历史性、知识性、专业性、趣味性、可读性和神秘性于一体，是"黎隆武式"讲好海昏侯故事的升级版。

2015年南昌汉代海昏侯刘贺墓的考古发现，是当年全国乃至世界的一个重要的历史文化事件，不仅被评为当年"全国十大考古新发现"之首，还被授予了世界考古论坛"重大田野考古发现奖"。2021年3月，南昌汉代海昏侯国国家考古遗址公园建设正式列入《中华人民共和国国民经济和社会发展第十四个五年规划和2035年远景目标纲要》。这无疑是江西经济社会发展中的一件大事，对江西深入挖掘破解海昏侯文化资源，讲好海昏侯故事，进一步擦亮海昏侯历史文化名片，提出了新的时代要求。

立足新阶段，面向新征程，海昏侯故事怎么讲出新的精彩？黎隆武同志的《海昏十谜》进行了新的探索，打开了又一扇"窗"。

讲好海昏侯，一直在路上。

是为序。

目录

序 打开讲好海昏侯另一扇窗（朱虹）	001
〔一〕发现之谜	001
〔二〕幸存之谜	019
〔三〕财富之谜	041
〔四〕身世之谜	069
〔五〕称帝之谜	089
〔六〕废帝之谜	105
〔七〕不杀之谜	121
〔八〕庶民之谜	141
〔九〕封侯之谜	155
〔十〕海昏之谜	171
后记 海昏侯的"史鉴价值"	189

海昏十谜

二 发现之谜

南昌汉代海昏侯国考古大发现，是中国考古史上的一次重大发现。在有关海昏侯的所有谜团中，刘贺墓的"发现之谜"，毫无疑问是关注度最高的谜团之一。

海昏侯刘贺墓是如何发现的呢？解开这个谜，要从2011年早春三月发生在墩墩山上的一起盗墓案说起。

墩墩山位于江西省南昌市新建县（今新建区）大塘坪乡观西村，是当地裘姓村民的祖坟山。墩墩山距离观西村直线距离不足1000米，背靠着南昌西山的梅岭山脉。墩墩山不高，视野却很开阔，地处鄱阳湖与赣江交汇处的平原地带，远眺鄱阳湖水，近观万顷良田，是鄱阳湖平原上比较常见的一座小山丘。

墩墩山全景

站在观西村村民的家门口，肉眼可见墎墩山的山顶上高高耸立的树冠和在风中摇曳的树影，远处的公路几乎是挨着山脚边逶迤而过。墎墩山上植被茂密，一条崎岖的山路穿过茅草和灌木丛，从山脚下蜿蜒到山顶。小路两旁的灌木丛中，随处可见一座座新新旧旧的坟茔。越靠近山顶的地方，植被就越加茂盛。那些无人照料的老坟，坟包上都长满了草。一些新坟边上摆放着花圈、花篮，历经风吹雨打已显颓色，仿佛在诉说着不久前流淌过的悲伤。

墎墩山山顶上的树明显比山下的高大不少。山上的地面起伏不平，每一个鼓包下面可能就有一座坟。不知道从什么时候起，墎墩山上层层叠叠地堆满了坟茔。坟上有坟，千百年来，这座山不知道葬下去了多少人。不少坟墓因年代久远，后人已不知迁去了何方，常年无人照料，渐渐就成了荒冢。偶尔也会有外乡人寻迹而来，在山上祭奠先人。村里谁家老了人，也有三更半夜挖坑准备墓穴的。

这一年早春三月的南昌，正经历着南方历史上少见的倒春寒。一天晚上，月黑星微，寒风呼啸。吃过晚饭后不久，观西村的村民早早地就被料峭的春寒驱赶进了被窝。那天深夜，观西村的狗不约而同地狂叫了起来，引得周边村庄的狗也狂叫不止。与此同时，村民祖坟山的方向传来闪烁的强光灯，偶尔还伴有马达的轰鸣。犬吠声此起彼伏，伴随着寒风的呼号，仿佛比赛似的一阵接着一阵，足足闹腾了一夜，叫得村民们心里瘆得慌。

第二天一早，早起的村民蹲在屋门前的水沟边正刷着牙，不经意间抬头一望，忽然发现不远处祖坟山的山顶上，新翻出

海昏侯当年的居住地紫金城遗址

的黄土堆得老高。想到头天晚上的狗叫声，村民以为又是谁家老了人了，是在通宵挖坑呢，怪不得狗闹腾了一晚。不过，头天晚上这动静可有点大啊，山顶上新翻出的土明显多得不太正常。

有好奇的村民赶过去看。这一看，村民赫然发现，他们祖坟山的山顶上被打出了一个巨大的洞。站在洞口往下看，里面黑乎乎的，一眼望不到底。那堆成山一样的土，都是从这个洞里挖出来的。几段被锯断的厚木板，很醒目地被遗弃在土堆旁。挖出的土这么多，打下去的洞肯定浅不了。村民判断，这是有盗墓贼来过了。真是应了那句话："月黑风高夜，蟊贼出洞时。"

墎墩山有古墓被盗的信息很快就被逐级报告了上去，不多久，公安、媒体和考古队便陆续到达现场。

墎墩山一带属于铁河古墓群范围。20世纪80年代，文物部门进行文物普查时，在这一带发现了古城遗址和大大小小的汉代古墓100余座。据古墓的墓碑记载，古城名叫"紫金城"，与北京的紫禁城只有一字之差。1987年，在公布江西省省级文物保护单位时，这一带被正式定名为"紫金城城址与铁河古墓群"。大凡汉墓，十室九空。自古以来，这一带的古墓没少被盗过。

接到墎墩山可能有古墓被盗的报告后，第一个下到洞里探查的专业考古工作者是江西省文物考古研究院的杨军。杨军是该研究院的资深考古队队员，参与过多次重大考古项目的发掘工作，考古工作的专业经验和知识十分丰富。

2016年5月，我带着刚出版的《千古悲摧帝王侯——海昏侯刘贺的前世今生》一书，和杨军一起在北京参加中央电视台《读书》栏目关于海昏侯墓考古发掘的专题访谈。访谈中，作为海昏侯墓考古队队长的杨军，面对央视的镜头，不无激动地讲述了他第一次下到海昏侯墓盗洞里探查的难忘经历。

那是2011年3月23日。那天下午四点多钟，杨军刚从外地出差回到家，系上围裙准备做晚饭。米和菜都还没来得及淘洗，就接到单位领导的电话，说铁河一带有古墓被盗，让他赶紧去现场看一下。对于铁河一带的古墓，杨军并不陌生，那一带的古墓群是省级文物保护单位，他曾经多次去过那里处理古墓被盗挖的事件，没少往那边跑。看时间已经比较晚了，杨军

作者与杨军一起在中央电视台《读书》栏目做访谈节目（左为杨军，中为作者，右为主持人李潘）

盘算着必须马上出发。他停下手上的活儿，摸摸口袋，还有200块钱，便赶紧下楼打车。

从南昌老城区到墎墩山，路上要一两个小时的车程。车子出城后不久就上了一条乡村公路，路况很不好，车子颠颠簸簸的，速度提不上去。一路上，杨军都在打电话了解现场情况。

对于古墓被盗，杨军既感痛心又觉无奈。没办法，文物考古工作有时不得不追赶着盗掘者的脚步跑。国家明令禁止主动发掘地下文物，因此，文物部门对地下文物的保护往往都是被动式的，只有发现地下文物有被盗挖的情况，才会进行抢救性发掘。盗墓者和考古队的关系，就好像是一对矛和盾的关系：盾往往都是被动的，而矛却总是很锋利且主动。杨军经常调侃自己长年累月在野外考古作业所干的活儿，远看像捉蛇的，近看像抓蛤蟆的，到跟前一看才知是考古的。

一路上焦躁不安，好不容易到了观西村。等村民引着杨军爬上墩墩山山顶到达盗洞现场时，已经是晚上七点多钟了，天早已漆黑成一团。夜间山顶上寒气逼人，看热闹的村民却不惧寒冷，一个个裹着厚厚的棉衣，缩着个脑袋在凛冽的寒风中围观，叽叽喳喳地议论个不停。警方临时拉起了警戒线，把盗洞周边现场都保护了起来，等待着专业人员过来勘察认定。

在手电光的照射下，杨军和先期到达的市、县文物部门的同志一起仔细查看现场。盗洞的洞口呈长方形，目测长两米，宽七八十厘米。洞口旁泥土堆积如山，发现有白胶泥、木炭、厚木板和遗弃的白手套等物。

看到白胶泥和木炭，杨军心里咯噔了一下。从挖出了白胶泥和木炭来看，盗墓贼应该是打到了墓的底部，因为木炭是用来防潮的，一般都铺在底层。有木炭被翻出来，说明墓体很可能已经

盗洞底部

被打穿，如果里面有随葬品的话，极有可能已经被盗。从木板的厚度来看，能够使用三四十厘米厚的木板建造墓室，说明墓主人的身份非富即贵。一般来说，古墓的价值与墓主人的身份有很大的关系。如果发现的是古代名人墓或古代官员、贵族墓，且结合史料能够被佐证的话，那么无论是对古墓发掘本身，还是对文物保护以及历史文化研究，毫无疑问都会更有价值。

杨军暗想，看来这个墓主人的身份不一般。想到墓体可能已被打穿、里面的文物有可能已经被盗，杨军一阵紧张。

杨军仔细观察墎墩山山顶的形貌，感觉盗洞所在的山顶凸起位置，乍一看是个山包，但是仔细看却很像是个覆斗形封土的形状。尽管上面长满了树木，且与周围的山体连为一体，但以杨军的专业眼光来看，却难掩高大封土的模样。盗洞所在山包旁边不远处，还有一个鼓起的山包，看起来也像是个高大的封土。从两个山包封土的位置和形状看，应该是两座汉墓，而且极有可能是夫妻墓。杨军初步判断，被盗挖的古墓可能是一个汉代时期的土坑木椁墓，而且等级比较高，墓内的文物损毁情况不明。

杨军把自己分析的情况汇报上去，引起了单位领导的高度重视。当晚，有关情况就被迅速汇报到了国家文物局。国家文物局明确指示，要求尽快探明古墓被盗挖的详细情况。当天晚上，杨军做好了第二天一早下盗洞探查的方案，于是让当地政府和村民准备好下洞探查的工具，提供一些必要的帮助。

第二天一早，村民们给杨军找来了村里打井用的一套摇辘轳的设备。杨军戴好安全帽，随身带上手电筒和照相机，坐进吊篮里用绳索把自己固定好，让村民们摇动辘轳，把自己沿着洞壁顺下去。

洞里头漆黑一团，深不见底。杨军的心里有些忐忑不安。乡下打水井、挖薯窖的时候，经常会遇到因为洞里面缺氧而发生人员伤亡的事情，这个洞里面会不会发生类似的情况？这个洞有多深？下面还有没有盗墓贼被困在里面？盗墓贼在里面有没有留下妨碍安全的东西？万一遇到异常情况该怎么处理？

杨军脑子里甚至闪过"鬼吹灯式"的"土夫子"盗墓画面。当然，这都是人在极度紧张情况下的一些胡思乱想。他和守在洞口的人约定，一旦下面有什么情况，就马上把吊篮摇上去。

借着手电光，杨军一边沿着洞壁往下顺，一边观察着洞里的情况。盗洞几乎是垂直打下去的，动用了机械设备；洞内比较宽敞，足够容纳几个人同时作业。看来打洞的人十分专业，盗墓的应该不止一人，而是团伙作案。

和洞口外的寒冷不一样，洞内明显比洞口要暖和。洞内很安静，还好没有什么异常的声音传出来。杨军把紧张的心情放松下来，指挥洞口的人继续把吊篮缓缓下放。

往下放了五六米深的时候，杨军忽然闻到了一股扑鼻的异香，而且越往下香味越浓，熏得他有点头晕。杨军心里一动，一般的古墓，尤其是年代不太久远的明清时期的古墓，盗洞里面多多少少都会有些腐烂的气味，因为墓里面的有机物还没有分解彻底，里面的气味都会比较难闻。像这种香味如此浓郁的古墓盗洞，他还是第一次见。

从盗洞里的香气判断，这座古墓的年代应该早于明清时期，因为里面的有机物早就分解干净了，没有了腐烂的气味。杨军分析，这种浓郁的香味，要么是建造墓室的木料非常高级，比如檀木或香樟木等名贵木料，这些木料都会自带香气；要么是墓主人下葬的时候放了很珍贵的香料。无论是名贵木料还是香料，都不是一般人家能用得起的。这让杨军对墓主人的身份更加好奇起来。

作为一名资深的考古工作者，杨军参加过多次古墓考古发掘工作，这一次，让他感觉到很不一样。他在脑子里快速地梳理着历史，在南昌古代有过什么大人物葬在这一带。他隐隐约约记得好像南昌地方史料中有过记载，却一下子又想不起来，于是集中精力继续往下探查。

往下顺到十几米深的地方，杨军感到已经接近盗洞的底部了，因为他看到了洞底部的水。洞内没有发现人，盗墓贼应该是在村民到达前就被惊走了。

借着手电筒微弱的光，杨军看见水面上漂浮着破碎的樟板。从樟板的截断面分析，盗墓贼应该是动用了电锯作业，几十厘米厚的樟板都是被锯断的。从墓室内的积水和泥沙淤积情况看，这座墓室应该有过垮塌的情况，内部已被水和泥沙填充满。墓里面如果有文物的话，应该是被裹挟在泥沙中，那么就有可能还没有遭到洗劫。想到这里，杨军松了一口气，示意洞口的人摇动辘轳将他拉回地面。

盗洞有十几米深，樟板有几十厘米厚，洞内有异香，墓室内部被水和泥沙填充，综合各方面的情况进行分析，杨军判断，这是一处高等级墓葬，有可能有文物遗存。鉴于墓体已经被打穿，抢救性发掘刻不容缓。很快，国家文物局正式批准对这座被盗挖的古墓进行抢救性发掘，杨军被任命为考古队队长。

谁也没想到，杨军带着考古队这一发掘就是近五年。从 2011 年 4 月开始，考古队对墎墩山周围方圆 5 平方千米的区域，开展了详尽的考古调查和勘探。到 2015 年下半年，勘探和发掘工作取

海昏侯墓遗址发掘现场

（二）发现之谜

得重大发现。数以万计的珍贵文物重见天日，考古队不仅发掘出了震惊世界的海昏侯刘贺墓，还勘探出了海昏侯国国都紫金城遗址和海昏侯刘贺的家族墓园。专家评价，南昌汉代海昏侯国考古大发现，是近年来出土文物最多、文物种类最全、研究价值极大的一次考古大发现，对于研究中国汉代的政治、经济、文化和社会生活的方方面面，具有十分重要的意义。

在考古发掘之初，杨军就一直在探寻墓主人是谁。随着越来越多珍贵文物的出土，杨军心里的迷雾渐渐散去。大墓的规制和随葬品的内容，已远远超出了一般列侯的规格。真车真马陪葬是在长江以南地区第一次发现，大量的金器、玉器、漆木器、青铜器，罕见的虫珀、龙首、编钟……无不彰显出墓主人身份之特别。

杨军在查找地方史料有关记载的同时，访到了当地的一个传说：南昌昌北60里许，有大坟一座，小坟若干，俗称百佬冢，埋下去黄金无数，相传是故昌邑王冢。所谓的故昌邑王，就是史料中记载的曾经当过27天皇帝的第一代海昏侯刘贺。难道真有这么巧，这座墓的主人会是传说中的刘贺吗？而纵观历史，在南昌新建这个地方，可能也只有既当过王又做过帝的第一代海昏侯刘贺才最符合出土文物所显示的大墓主人显贵的身份。

2016年3月2日，国家文物局和江西省人民政府在北京首都博物馆联合举办"五色炫曜——南昌汉代海昏侯国考古成果展"，向全世界宣告，墓主人就是第一代海昏侯、第二代昌邑王、汉废帝刘贺，从而揭开了笼罩在墓主人身上的神秘面纱。

就在同一天，我的新书《千古悲摧帝王侯——海昏侯刘贺的前世今生》也在首都博物馆首发，成为与这个重大考古事件几乎是同步出版发行的"海昏侯原创第一书"。

令人遗憾的是，时至今日，海昏侯墓被盗案一直未破。到我

海昏侯墓文物麟趾金和马蹄金

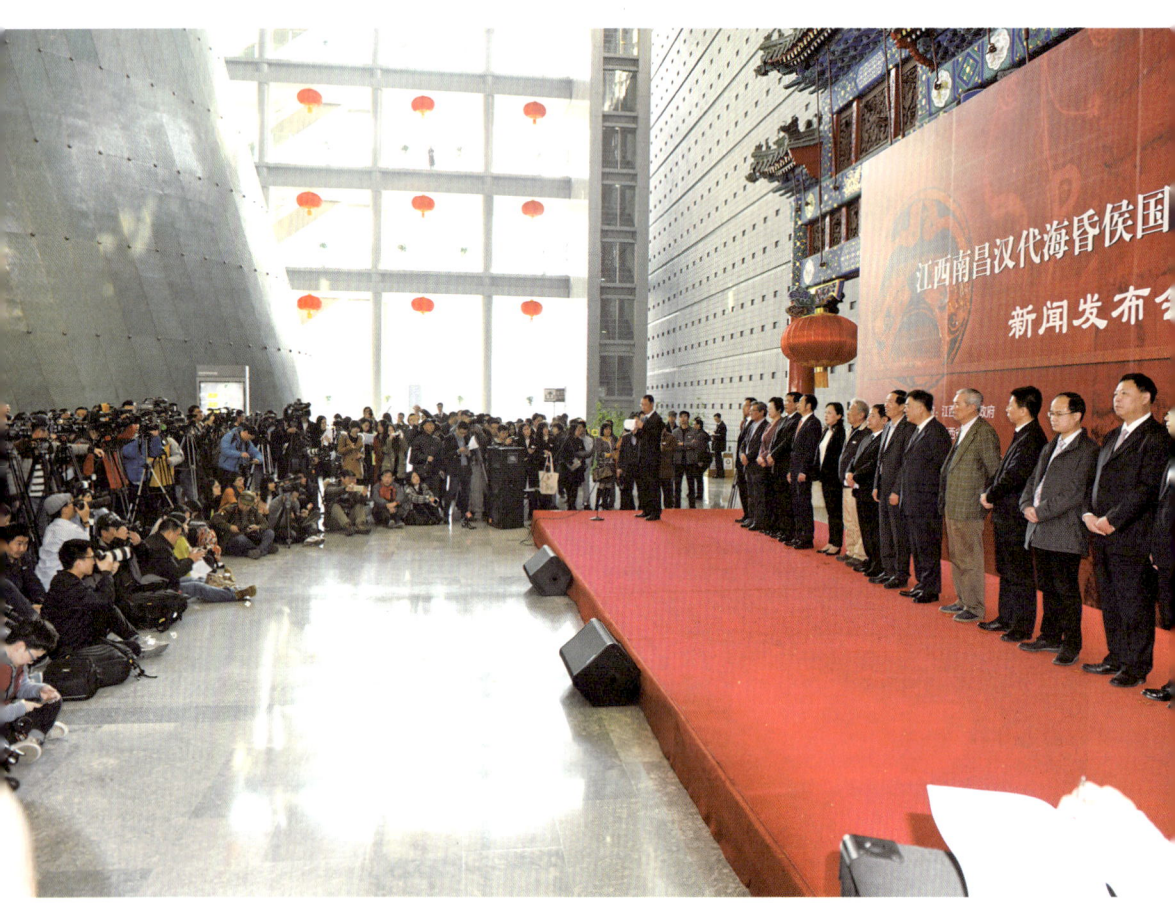

海昏侯国遗址考古成果发布会现场

《千古悲摧帝王侯——海昏侯刘贺的前世今生》首发式及研讨会现场

写完这部《海昏十谜》之时，距离 2011 年发现海昏侯墓被盗掘已过去了整整 11 年。为了侦破这起案件，省、市、县三级公安机关投入了很大的精力。作为一名曾经在公安机关工作过 25 年的前警察，我很期待海昏侯墓被盗案告破的那天能够早日到来。

海昏十谜

[二] 幸存之谜

"大凡汉墓,十室九空。"但是,海昏侯刘贺墓却是个例外。刘贺墓历经2000多年,虽然多次被盗墓贼"光顾"过,但是几乎都完好无损,这不能不说是一个奇迹。

刘贺墓是怎么幸存下来的呢?解开这个谜,要从海昏侯墓的考古发掘说起。

2011年4月,国家文物局批准对海昏侯刘贺墓进行抢救性发掘。当时,墓主人的身份还是个谜。

大墓的发掘工作首先是从周边墓坑开始的,前后历时两年。先是在主墓的西北方位,发掘出了一个大型的实用真车马陪葬坑,从中清理出了大量的青铜器、车马器,同时还清理出20匹马的遗骸残迹。这是长江以南地区第一次发现真车活马陪葬坑,这个发现让考古专家们激动不已。

海昏侯墓区的车马坑

考古人员在车马坑中清理马车车轮

从随葬的车马器物规格和形制来分析，一共发掘出 5 辆马车。这应该是墓主人生前所使用的车驾，墓主人死后，全部都陪葬了。20 匹马 5 辆车，意味着墓主人生前使用的是 4 匹马拉的车。按照古制，"天子驾六，诸侯驾四"，从墓主人生前所使用的车驾等级看，其身份至少也应该是列侯一级的高官。而从使用真车活马陪葬这一点来分析，墓主人应该生活在汉元帝（前 49 年—前 33 年在位）之前，因为汉元帝时期颁布了法令，禁止诸侯死后用活物殉葬。从那个时候开始，中国结束了使用活物殉葬的丧葬习俗。这就意味着，这座古墓距今至少有 2000 年。专家们很期待，这次考古发掘能够证实墓主人的身份，那将会是一个了不起的发现。

结束了对周边墓坑的发掘之后，从 2013 年 11 月开始，考古队转入了对一号主墓也就是 2011 年被打下盗洞的这座墓的发掘。发掘是从掀开覆盖在上面的封土层开始的，一层一层向下清理。

有了杨军当初对盗洞的探查，再加上此前对车马坑发掘所取得的成果，考古队对于一号主墓的发掘抱以了极大的信心。专家们相信，关于墓主人的身份，在打开深埋在地下的主椁室之后，很快就会有答案。

然而，在揭开最上面一层封土的过程中，考古队队员们却被封土层遍布着的大大小小十几个盗洞给惊呆了。很显然，这些盗洞都是历史上留下来的，不知道历经了多少个朝代。从这些密布的盗洞来看，这座古墓已被多伙盗墓贼"光顾"过。这些醒目的盗洞仿佛在向考古队传递一个信息：这座墓十有八九是一座空墓。

海昏侯墓文物错金银车马器

看着一个又一个的盗洞，考古队队员们的心情变得十分低落和沉重。杨军暗暗祈祷，希望在接下来的发掘中会有奇迹出现。

仿佛是天遂人愿，随着封土层逐层向下清理，考古队队员们欣喜地发现，封土层上的盗洞，绝大多数都还没有打到主椁室就半途而废了。只有西北角的一个古代盗洞和2011年最新发现的这个现代盗洞在一直向下延伸。这说明，古代的很多次盗墓活动都没能进入到墓室内部就停止了，这将大大增加墓室里有文物幸存下来的可能性。大家仿佛又看到了新的希望。

2011年的那个盗洞，杨军先前已下去探查过。根据最初的判断，那次盗墓应该只是打下去一个巨大的洞而已，从墓室里有水和泥沙等情况看，盗墓贼应该还没有来得及清理墓室里的文物。如果2011年的那个盗洞没有造成文物损失的话，那么就要看古代的那个盗洞情况了。

盗洞洞口

五代时期的灯盏

　　老天爷仿佛是存心要考验考古队队员们的心理承受力。随着发掘的继续进行，队员们刚刚燃起的希望很快又破灭了。因为，在那个古代盗洞里，他们发现了一个五代时期的灯盏。

这个灯盏应该是当年的盗墓者遗留下来的盗墓照明工具，到今天也已经成为文物了。五代时期距今有 1000 多年了，不知道 1000 多年前的盗墓贼拿着这个小小的灯盏盗走了多少文物。这样看来，墓室里面还会有文物遗存吗？大家的心再次悬了起来。

封土层清理完毕后，一座"甲"字形大墓呈现在考古队队员们的眼前。一古一新两个盗洞赫然在目。正像杨军第一次下洞探查时所判断的情况一样，大墓的主椁室在古代发生过坍塌，所以墓室内充满了泥沙和水。古代的那个盗洞一直延伸到了主椁室外回廊的衣笥库。

外回廊是墓主人放随葬品的地方，衣笥库在外回廊的西北角。盗洞打到了衣笥库，这意味着五代时期的那次盗墓已经深入到了墓体。没想到 1000 多年前就已经有人捷足先登了。既然盗墓贼都进了外回廊，那么墓室里面应该也已经被"光顾"过了。看样子，这次发掘最终还是难逃竹篮打水一场空的结果。考古队队员们的心悬得老高，只求老天爷开眼，不要让大家白忙乎一场。

最让考古队队员们揪心的，还是 2011 年的那个新盗洞。这个盗洞几乎是垂直打在了墓室的正中央位置，不仅打穿了上面山一样厚的封土层，而且还锯开了厚厚的椁板，进入了椁室内部。

如今的盗墓贼简直是太厉害了，利用现代的勘探技术、机械化施工设备和强大的专业能力，他们定位之准、出手之快、下手之狠，比古代的"摸金校尉"有过之无不及。按照现代盗墓贼的作业方式，只要他们进入了墓室，对文物造成的损失肯定是毁灭性的。杨军简直都不敢去想象墓室内部被损毁的场景。

海昏侯墓文物青铜提梁卣

随着对主椁室外回廊的清理，考古队队员们意外地发现，五代时期进入衣笥库的盗墓贼，却不知道是什么原因，竟然止步于衣笥库了。那次盗墓并没有进入主椁室内部，甚至都没有进入外回廊其他的藏阁。盗墓贼只是拿走了一些衣物，留下了空箱子，而且没有继续进行下去。因此，古代的那次盗墓，几乎没有对墓内文物造成损毁，这让考古队队员们大大地松了一口气。

在随后对外回廊的清理中，考古队发现墓主人的随葬品按照不同的功能被放置在了外回廊藏阁的各个区间，每个藏阁中的物品都堆放得满满当当的：青铜器、竹木器、漆器、厨具、钱币、陶器……各种类型的生活用具应有尽有。所有的文物几乎都被裹挟在泥沙中，没有被人动过的痕迹。真是老天有眼，光是外回廊藏阁中的这些数不胜数的文物，也足以让这次考古收获巨大了。

到了2015年下半年，大墓的出土文物开始不断被媒体披露。堆积成山的五铢钱、精美的编钟，象征着墓主人身份地位的铜鼎、宝剑、伎乐俑……每一件文物的出土，都让考古队队员们兴奋不已。

从已经清理出来的文物分析，有越来越多的证据将墓主人的身份指向了第一代海昏侯刘贺。因为在有文字信息的文物中出现了"臣贺""昌邑""南藩海昏侯"等字样，这与刘贺当过昌邑王和海昏侯的经历相符。

海昏侯墓文物青铜编钟

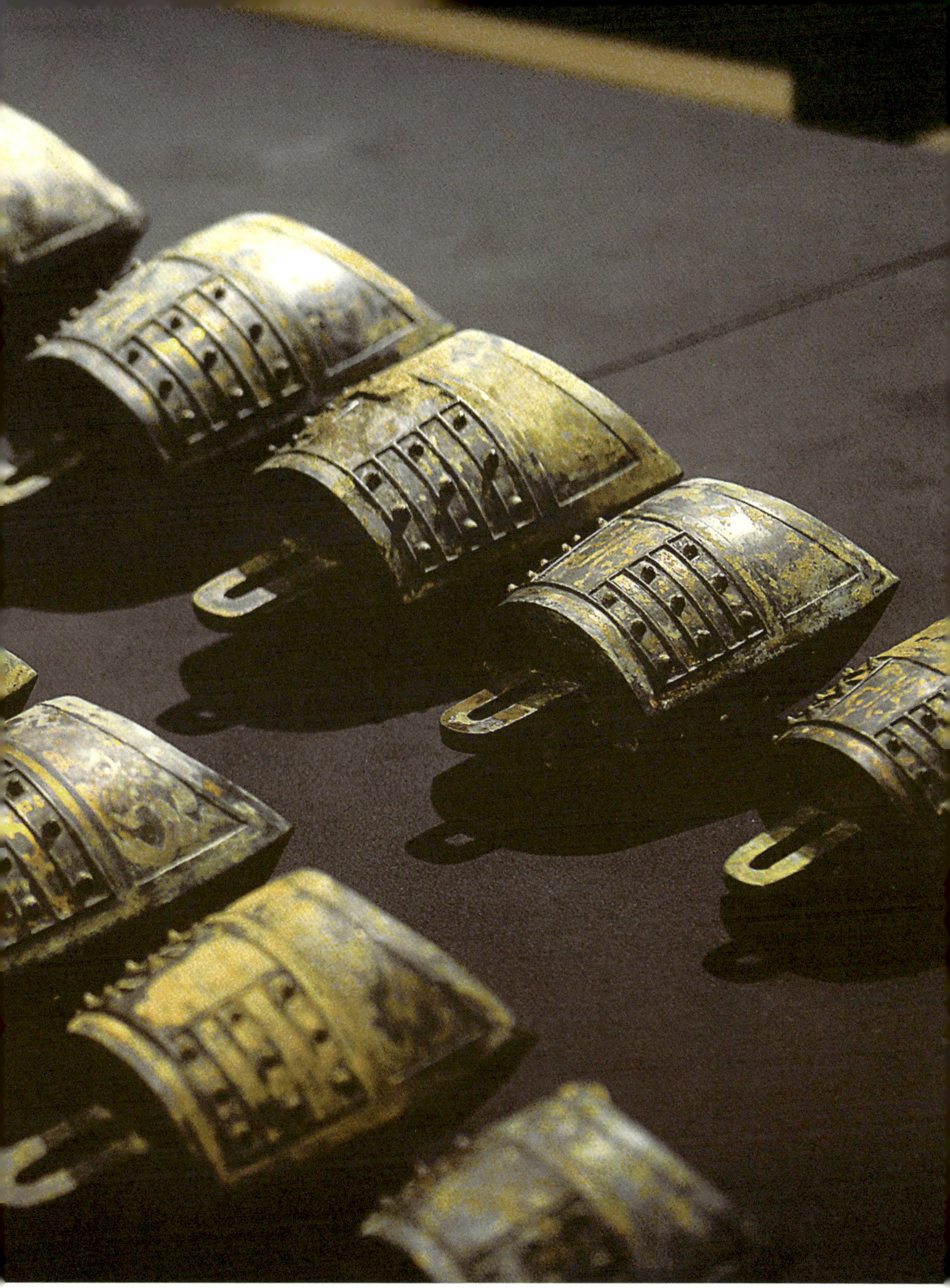

漆器上写有"昌邑九年"等文字

如果墓主人是刘贺，那将与《汉书》的记载相吻合。

刘贺不仅是第一代海昏侯，而且还短暂地当过西汉的皇帝。但是，专家们认为，仅凭这些信息还不能对墓主人的身份下定论，因为海昏侯有好几代，这些文字信息只能说明这座墓与某一代海昏侯有关。专家们说，最关键的证据应该在主椁室内的内棺中，相信那里面会有证明墓主人身份的印章存在，要么是官印，要么是私印。只有拿到那个物件，才能最终确认墓主人的身份。虽然专家们持这种说法，但是，已经有媒体迫不及待地称呼这座墓为海昏侯墓了。

外回廊清理完毕后，紧接着就是对主椁室的清理了。由于前期对车马坑和主椁室外回廊的发掘已经出土了大量的珍贵文物，因此，即将开始的对主椁室的清理，引起了社会各界的高度关注。为了及时回应社会关切，国家文物局和江西省人民政府决定，对主椁室的清理发掘将通过媒体进行现场直播，这一举措瞬间就引爆了舆论。

尽管在2011年第一次下洞探查时，就已经有过可能没有文物损毁的初步判断，但是真到了要打开主椁室的那一刻，杨军的心里还是感到很紧张。看着椁板上那个醒目的盗洞，杨军的心里很不安，这个盗洞正打在主椁室接近正中央的部位，而且很明显已经打通了墓体并深入了主椁室内部。

海昏侯墓主椁室中的盗洞

盗洞的特殊位置，把专家们的心给提溜了起来。古人安葬的时候，一般都会把主棺放在墓室的正中央位置，也就是盗洞所在的位置。这个洞有没有打到主棺呢？如果打到了主棺，那么几乎可以确定，这次盗墓所造成的文物损毁将不可估量。盗墓贼对文物是只管洗劫不管保护的，所以几乎每一次盗墓行为对文物造成的损毁都是无法挽回的。专家们判断，能够证实墓主人身份的关键证据和墓主人生前最珍贵的财物，一般都会放在主棺内。如果主棺不幸被盗墓贼盗挖，那将是千古憾事。

杨军紧盯着那个盗洞，他很担心主棺内那些最具价值的、蕴含着历史和文化信息的文物被破坏。一旦这些文物被破坏，墓主人的身份很有可能会成谜。他再次祷告上苍，希望老天爷对墓主人给予特别眷顾，就像古代的那次盗墓没有造成文物损毁一样，这次也能让这座古墓逃过一劫。

2015年11月14日，在万众瞩目中，大墓主椁室被打开。就像杨军所祈祷的那样，命运之神竟然一而再再而三地眷顾了这座古墓。考古队队员们惊喜地发现，墓主人的主棺并没有像大家所预想的那样被放置在墓室的正中央位置，而是被放在了主椁室的东北角。由于主椁室采用的是东寝西堂居室化布局，主棺被放在了东面寝宫的北部。盗墓贼打下去盗洞的位置，刚好处于东寝和西堂的连接部，那里几乎没有放置什么物件。也就是说，盗墓贼打下去的洞，很精准地打在了主椁室接近正中央处的一块空地上，与放置在东面寝宫中的主棺和放置在西面客堂中的众多珍贵文物几乎是擦肩而过。

真是人算不如天算，盗墓贼辛辛苦苦找准了位置，却没想到这座古墓内部会是这种居室化布局。正是这种居室化的墓室布局，让墓主人的主棺和大量随葬的珍贵文物阴错阳差地逃过了一劫。

发掘进行到这里，杨军和其他队员悬着的心终于彻底放下。这座大墓的文物基本上是完好保存，这给最终确定墓主人的身份和开展相应的历史文化研究，提供了十分宝贵的文物实证资料。

2015年12月20日，装载着墓主人的内棺被吊运到当地政府为这次考古专门建造的考古实验室中。次年1月，内棺在考古实验室里被小心翼翼地打开。

内棺被打开的那一刻，专家们迫不及待地向棺中看去，墓主人已尸骨无存。历经了2000多年，墓主人的尸骨早已腐化，只剩下了依稀可辨的些许遗骸残迹。专家在墓主人腰部位置发现了一个凸起的小物件，方形，似玉。经过对这个小物件谨慎提取，专家最终确认这是一枚玉印，玉印上面清晰地篆刻着"刘贺"两字。至此，墓主人身份终被证实。

刘贺私印

◎王钊绘

刘贺像

[二] 幸存之谜

　　海昏侯刘贺墓能够逃过历次劫难而得以幸存，冥冥之中似有老天爷在照应，这不能不说是一个奇迹。海昏侯刘贺的家族墓园由两座主墓、七座祔葬墓和园墙、门阙、寝殿、祠堂及园寺吏舍等构成。从建筑物的遗址分析，在封闭的墓园区内，建有供守园的寺吏使用的房舍，这说明海昏侯墓园当初是一座有人值守的墓园。海昏侯刘贺去世后，他的墓园一直处于有人值守保护的状态中。

史料记载，海昏侯爵位断断续续先后历经了四代，一直延续到东汉时期除国，共160多年的历史。海昏侯国存续期间，作为列侯，历代海昏侯都有食邑、封地和墓园。刘贺作为第一代海昏侯，其墓园肯定有人值守。海昏侯国消亡后，刘贺作为家族南迁的开山鼻祖，海昏侯家族作为身份显赫的皇室后裔，其墓园也应该有后代值守。这种有人值守的状态应该一直延续到东晋年间一场大地震的发生，地震造成鄱阳湖湖水南侵，海昏县城被淹没才终止。

据《晋书》记载，东晋元帝大兴元年（318年）十二月，"庐陵、豫章、武昌、西陵地震，涌水出，山崩"。

按照汉制，官员获得爵位后，就可以给自己建造墓穴。刘贺就任海昏侯以后，选择了给自己建造地下宫殿。考古发现，刘贺建造墓穴所使用的木材都很厚实，直到今天，这些木料历经2000多年都没有腐烂。刘贺用这些木料建造的地下宫殿，上面又夯实了十来米高的封土，不可谓不结实。能够让如此结实的墓室垮塌的，应该就是东晋年间那场强度很大的地震。

刘贺的墓室在强震中被震塌，当在情理之中。据《赣文化通志》记载，从东汉末年的三国时期开始，彭蠡泽（今鄱阳湖）水逐渐南侵，导致枭阳、海昏两县分别于公元420年、425年沉没，而邻近处地势较高的吴城镇（今属永修县）却因此而繁华了起来，成为江南著名的码头。故此，民间一直有"沉海昏，起吴城""沉枭阳，浮都昌"之说。

在海昏古城被湖水淹没的同时，刘贺的家族墓园也一同沉入水中。等到湖水退去，已是沧海桑田。由于鄱阳湖水位对周边地下水位的影响，刘贺墓在湖水退去后仍被地下水浸泡着。墓室垮塌加上水的浸泡，泥沙俱下，逐渐将墓室填满，刘贺的随葬品也因为被裹挟在泥沙和水中而得以完好保存。

海昏侯墓区的夫人墓

虽然古代有多伙盗墓贼"光顾"刘贺墓，并且在封土层打下去大大小小十多个盗洞，但极有可能出现的情况是，盗墓贼打着打着就打出了地下水，从而无法继续往下深入，只能半途而废。即使是最接近成功的五代时期的那次盗墓，也极有可能是地下水淹了外回廊的藏阁，当时的盗墓贼因为缺乏水下作业的条件而不得不放弃。

至于发生在2011年春的那次盗墓，虽然盗墓贼打穿了墓体，并且进入了主椁室内部，却因为椁室内充满了泥沙，盗墓贼打完洞后在短时间内无法清理墓室；加上村民们去得及时，把正在作业的盗墓贼惊走，这才给今天的人们留下了一座足以惊艳世界的宝藏。

海昏十谜

[三] 财富之谜

刘贺墓出土的财富，用"富可敌国"来形容，一点也不为过。而从刘贺去世前的爵位来看，他只不过是个食邑千户的列侯而已。刘贺财富之多，明显远超一般的王侯。

为什么海昏侯刘贺拥有如此巨大的财富？他墓中的财富从何而来？解开这个谜，要从西汉时期的厚葬习俗说起。

中国古代厚葬成风，汉代尤为突出。《晋书·索𬘬传》记载："汉天子即位一年而为陵，天下贡赋，三分之一供宗庙，一供宾客，一充山陵。"意思是说，国家每年赋税收入的三分之一，都要用来修建和填充皇帝的陵墓。

茂陵博物馆俯瞰图

茂陵博物馆正门

　　武帝时期，汉代的国力达到顶峰。武帝的茂陵，在他即位的第二年便开始修建，历时53年之久。据《汉书·贡禹传》记载，茂陵"金钱财物，鸟兽鱼鳖牛马虎豹生禽，凡百九十物，尽瘗臧之"。据说武帝下葬的时候，恨不得把全天下的好东西都放进去，茂陵里面全被珍宝填满，东西多得再也放不进去了。当时的厚葬之风，由此可见一斑。

　　在汉代，不仅是帝王和皇室会厚葬，勋戚贵胄也多加以效仿。《汉书·董贤传》记载，汉哀帝宠臣董贤死的时候，其葬礼"乃复以沙画棺四时之色，左苍龙，右白虎，上著金银日月，玉衣珠璧以棺，至尊无以加"。作为臣子，董贤墓奢华程度较之于皇室，一点都不逊色。

汉代的厚葬不只是在墓里填满珍宝，而且还要遵循"事死如事生"的原则。死者生前的东西一般都要带进坟墓里去，有的还要按照死者生前所居住的场景来安排墓室的布局。海昏侯刘贺墓主椁室采取的就是"东寝西堂"的居室化布局，应该和刘贺生前所居住的场景是一样的。

汉代人"事死如事生"的观念，在很大程度上源于对孝悌观念的推崇。汉武帝及其之后的皇帝，在国家治理上都特别推崇孝道。倾尽所有给逝去的先人以厚葬，就被视为"孝"。武帝时期，孝道也被作为选拔官员和评论名士的重要参考。西汉时期推行的"举孝廉"，便成为当时由

茂陵博物馆馆藏文物
西汉鎏金铜马

茂陵博物馆馆藏文物错金银铜犀尊和玉猪

下而上推选人才为官的一种制度。所谓"孝廉",也就是孝子和廉吏。

有了朝廷的倡导和官员的示范,厚葬渐渐成了一种社会风气和丧葬习俗。有专家估计,汉代有三分之一以上的财产都因厚葬而被埋进了土里。也正因如此,汉墓被盗掘的情况就格外严重。因为几乎每一座比较惹眼的汉墓,里面或多或少都埋下去了财富。

汉墓的封土是判断墓主人身份地位的重要标志。在整个汉代，无论是帝陵，还是王侯将相墓，封土一般都十分高大。陕西西安渭河平原上历代帝陵和王侯将相墓，封土都堪比巍峨的山陵。这些封土高大的陵墓，基本上都被历朝历代的盗墓贼"光顾"过，绝大多数陵墓还不止一次地被盗劫。

我有一次出差到西安，特地去了一趟帝陵比较集中的渭河平原。那一天，西安的朋友开车陪着我从早跑到晚，我用了一整天的时间拜谒了与海昏侯刘贺有关的西汉时期十个著名历史人物的陵墓。这些陵墓分别是汉高祖刘邦的长陵，汉武帝刘彻的茂陵，汉昭帝刘弗陵的平陵，汉宣帝刘询的杜陵，以及高祖皇后吕雉、武帝宠妃李夫人、宣帝皇后许平君、大将军卫青、冠军侯霍去病、大司马大将军霍光的陵墓。这些陵墓无一例外都有高大的封土，且均被盗掘过。仅是在武帝宠妃李夫人陵墓的封土上，就密布着大大小小的盗洞，让人看得心惊肉跳。

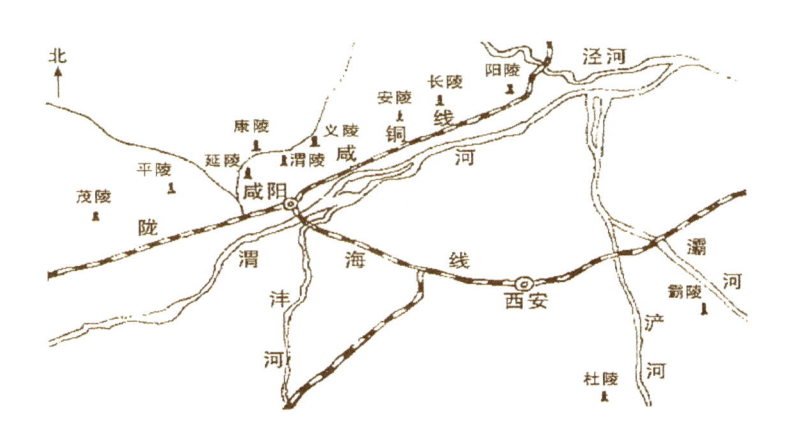

西汉帝陵分布示意图

渭河平原上的五陵原

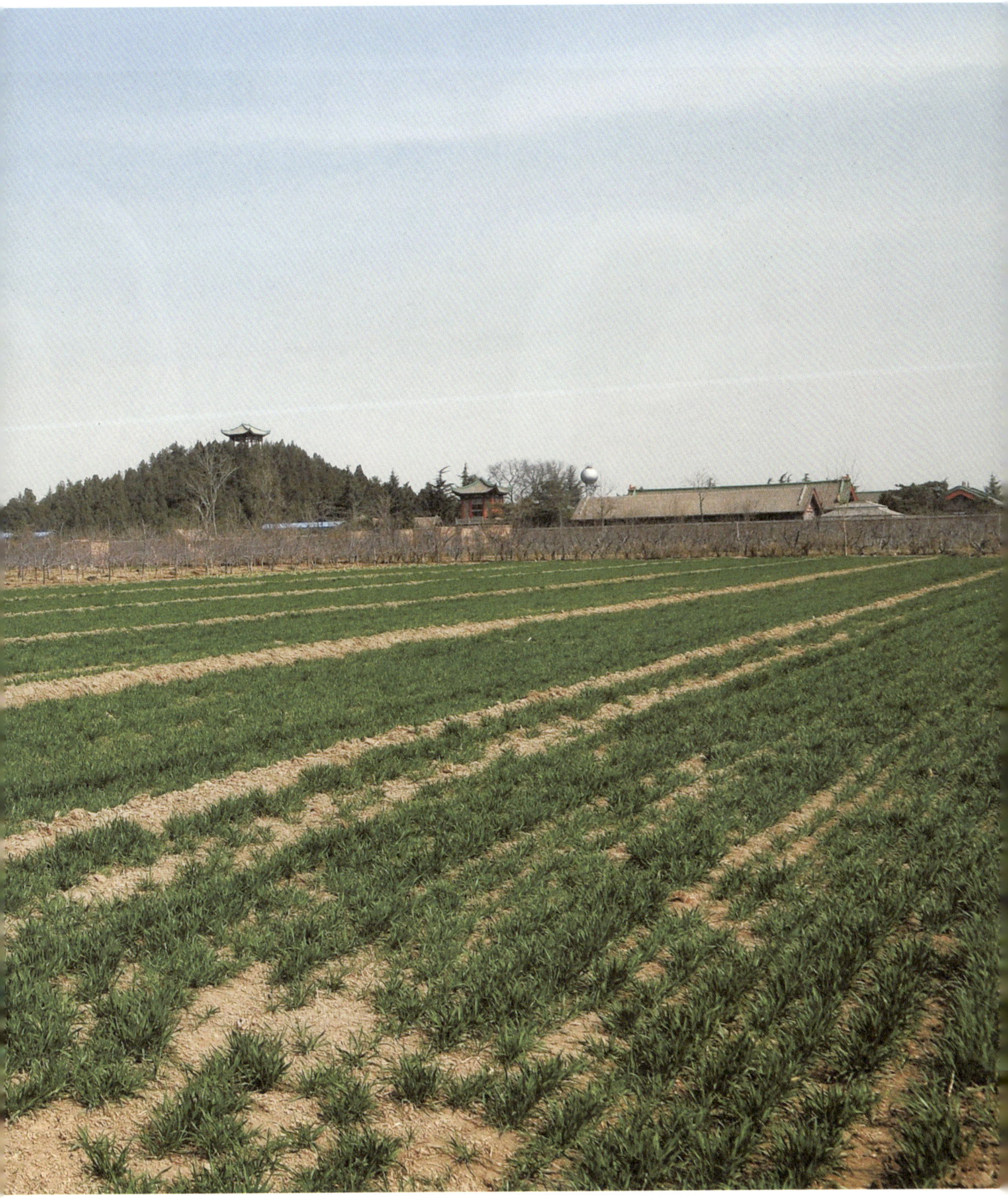

海昏侯墓文物雁鱼灯

在整个汉代的帝陵中，最雄壮的要算武帝刘彻的茂陵了，封土高达 46.5 米。海昏侯刘贺墓和夫人墓，封土都有七八米高，这在江南一带，已经是比较高大的封土了。但是，如果和武帝茂陵的封土相比，那就是"小巫见大巫"了。有一个形象的比方，假如把武帝茂陵看作是大象的话，那么海昏侯刘贺墓顶多算是大象的一只小腿。

汉墓的防盗设施一般都比较弱，只有少量高等级墓穴会采取积沙、在墓门砌砖或垒石墙缝中灌铁汁、把墓道洞中的塞石用燕钉铆合等防盗措施。海昏侯刘贺墓几乎没有采取什么"技防"措施。从刘贺墓园建筑物的基址来看，墓园里建造有供守墓人居住的房舍，说明当时采取的主要是"人防"手段。汉墓既好认又易盗，所以就有了"十室九空"之说。海昏侯刘贺墓历经 2000 多年却几乎是完好地保存，除了用"奇迹"二字来解释外，也找不到其他更合理的解释了。

刘贺墓出土有金器、钱币、青铜器、铁器、玉器、漆木器、乐器、陶器、纺织品、竹简、木牍等各类珍贵文物一万余件，墓主人生前一应饮食、起居、出行等日常所需，在出土文物中都应有尽有。从不可胜数的出土文物来分析，刘贺的陵墓是按照厚葬来处理的，他生前所拥有的财物几乎都随他下葬了。

刘贺的厚葬安排，也确实符合当时的丧葬习俗。

关于刘贺墓中的财富来源，一般的说法是，刘贺的财富既包括了他自有的财产，也包括了他家族的财产。如果细分起来，刘贺墓中的财富，主要来自以下几个方面。

首先，刘贺墓中的财富，有相当一部分来自他的父亲昌邑哀王刘髆。尤其是那些无比珍贵的马蹄金、麟趾金，从史料的记载来看，只能是来自刘髆。

海昏侯墓文物铜火锅

海昏侯墓文物玉耳杯

[三] 财富之谜

刘髆的陵墓于20世纪70年代在山东巨野（古昌邑国所在地）偶然被发现。那次发掘出土了1000多件文物，不少文物与刘贺墓中的文物相一致。但让人感到不解的是，刘髆墓中的财富却远不如刘贺墓中的多。尤其让人深感意外的是，在刘髆的随葬品中，竟然连一件金器都没有。

刘僢墓远景图

据考证，刘髆的陵墓在历史上并没有被盗过。作为在位11年之久的第一代昌邑王，刘髆的财富中应该是有马蹄金和麟趾金的。据《汉书·武帝纪》记载，武帝于天汉四年（前97年）夏四月，"立皇子髆为昌邑王"；于太始二年（前95年）春三月，更黄金为马蹄、麟趾形状"以协瑞"，并"因以班赐诸侯王"。从这些记载来看，武帝立刘髆为昌邑王在前，铸造马蹄金、麟趾金"班赐诸侯王"在后。这说明，当年武帝班赐马蹄金、麟趾金时，昌邑王刘髆应该在列。

但是，像马蹄金、麟趾金这样的贵重金器却没有出现在刘髆的墓中，这明显不合常理。那么，刘髆的贵重财物去哪儿了呢？十有八九，刘髆的贵重财物是留给他的儿子刘贺了，因为在刘贺墓中出土了太多的马蹄金、麟趾金。

刘贺接任昌邑王位时年仅5岁。在《汉书》的所有史料中，与刘贺同一辈的皇室后裔，都没有留下有谁被武帝赏赐过马蹄金、麟趾金的记载。因此，刘贺墓中的马蹄金、麟趾金不太可能来自武帝的直接赏赐。作为刘髆的儿子，刘贺不仅承袭了昌邑王位，也继承了刘髆的所有遗产。刘髆墓中没有出现金器等贵重之物，这也说明，尽管当时厚葬成风，但是也并非所有的贵族死后都是厚葬的，第一代昌邑王刘髆就是个例外。

刘碍墓俯瞰图

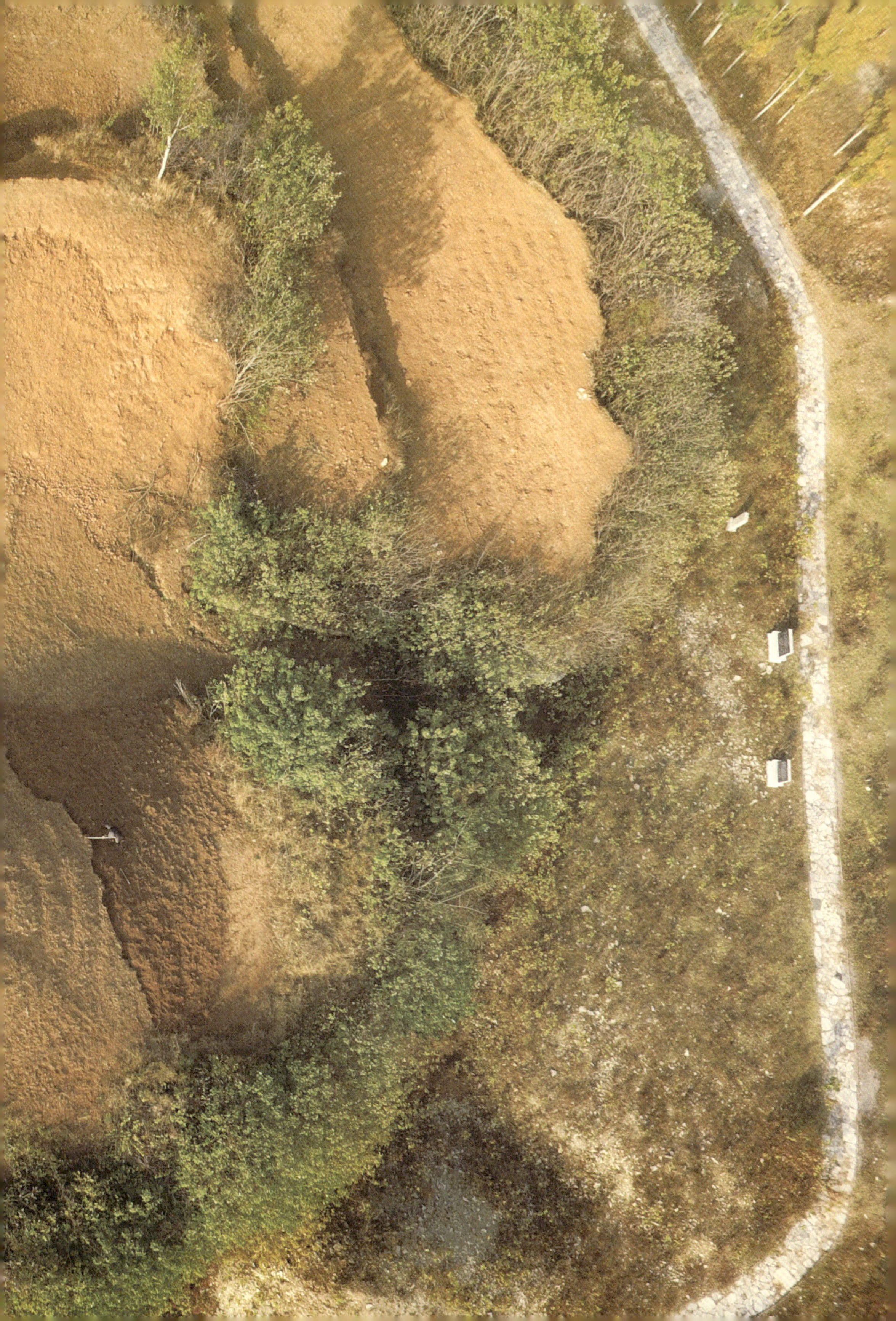

刘髆墓墓道上的瑞兽石刻

刘髆墓文物滴漏

　　刘贺墓中的财富，更大一部分应该来自刘贺自己在昌邑时所获。

　　刘贺比他的父亲刘髆在昌邑王位上的时间更长。汉昭帝刘弗陵突然驾崩，刘贺被征召入朝继承帝位时，他在昌邑王位上已经有14年之久。按照刘髆封王时的封地规模，他的封国山阳郡（今属山东）下辖23县，相当于今天一个中等省份的规模。山阳郡地处交通要道，为天下富庶之地。武帝将山阳郡封给刘髆作为封国，等于是将"最肥的一块肉"给了刘髆。刘髆、刘贺父子在昌邑王位一共有25年之久，收入之丰可以想象。

　　刘贺被废为庶民后，昌邑国被取消封国。上官太后诏令"故王家财物皆与贺"，

刘贺的财产（包括刘髆的遗产和刘贺自己的财产）没有被剥夺。不仅如此，朝廷还另外给了他"汤沐邑二千户"，这相当于是给了刘贺一个中等列侯的生活保障，足够刘贺家族日常的开销。

　　刘贺庶民十年后被封为海昏侯。他从昌邑来到豫章海昏，大概率是举家南迁。刘贺墓出土文物中发现了带有"昌邑"字样的文物，比如"昌邑籍田"青铜鼎等，这毫无疑问是他从昌邑南迁的时候带到海昏来的。在刘贺墓主椁室外回廊藏阁的钱库中，出土了一批储藏在封泥匣中的铜钱，封泥上印有"昌邑令印"，木片上有墨书的"海昏侯家钱五千"字样。这些都说明，刘贺在昌邑时的财富被带到了海昏。

　　刘贺墓中的财富，也有一部分是来自他在海昏侯任上所得。

记有"昌邑十年"的漆瑟

刘贺被任命为海昏侯时，食邑有四千户。在当时的江南一带，食邑四千户的海昏侯国极有可能是江南最大的侯国了。这四千户的食邑人口，每年都会给海昏侯刘贺带来稳定的收入。尽管刘贺在海昏侯任上后期被宣帝削户三千，也还有一千户食邑的收入，足够应对海昏侯刘贺日常开支。

刘贺墓中的财富，不排除还有一部分是宣帝"帮"他省出来的。史料记载，宣帝在封刘贺为海昏侯时，诏令刘贺"不宜得奉宗庙朝聘之礼"，剥夺了刘贺作为列侯进宗庙祭祀的核心政治权利。按照当时诸侯列侯每年都要向宗庙进献黄金的"酎金律"，诸侯"以民口数，率千口奉金四两"。宣帝给刘贺的这条"不宜得奉宗庙朝聘之礼"诏令，客观上给刘贺省下了一笔数量不菲的财富。

此外，在刘贺的财富中，有没有可能存在他当皇帝时留下来的物件呢？

从史料来看，刘贺被废黜皇位时，身上的皇帝玺绶被霍光强行夺去给了上官太后，然后就被押送出了宫。因此，刘贺不太可能从宫中带走皇帝用的东西。但是，刘贺被废黜事发突然，史料记载了霍光在朝堂上夺去刘贺身上皇帝玺绶的情节，却没有提到有搜身的细节。古时，君子玉不离身，刘贺当皇帝期间一定也是佩戴了象征皇权地位的玉佩的。如果刘贺身上的玉佩没有被霍光当场夺去，那么就极有可能仍被刘贺带在了身上。

在刘贺墓的出土文物中，有几块较大的玉佩，其中有一块龙凤螭纹韘形玉佩，出自刘贺的内棺中。这是否是刘贺当年当皇帝时所留下的？

在海昏侯刘贺墓的所有财富中，有两样东西最让人称奇，一是那些"亮瞎眼"的金器，二是那十几吨重的钱币。

刘贺墓中的马蹄金、麟趾金等金器是怎么来的？据《汉书·武帝纪》记载，太始二年春三月，武帝为纪念"登陇首获白麟""渥洼水出天马""泰山见黄金"这三件幸事，下令铸造了马蹄金、麟趾金以协祥瑞，并班赐给了诸侯王。武帝一生中，赏赐无度。刘髆作为武帝最宠爱的妃子李夫人的独生子，一直深得武帝的宠爱，在长达 11 年的昌邑王期间，刘髆从武帝手上获得的赏赐只会多不会少。刘髆从父亲武帝那里得到的诸如马蹄金、麟趾金等贵重金器的赏赐，最后都留给了刘贺。这也是刘贺墓中会出现 48 枚马蹄金和 25 枚世所仅存的麟趾金的原因。

海昏侯墓文物龙凤螭纹韘形玉佩

海昏侯墓出土的各种金器

刘贺墓中还出土了数百枚金饼和20块金板。金饼是汉代黄金货币的形式之一，这些金饼连同没有做成金饼模样的金板，应该是海昏侯刘贺的黄金储备。刘贺的内棺打开的时候，在其遗骸残迹下面发现整整齐齐排列的100枚金饼，5枚一组，从头铺到脚，铺了整整20组，简直让人拍案惊奇。

在刘贺主棺的内外棺之间，还出土了4枚有墨书痕迹的金饼，上面有"南藩海昏侯臣贺元康三年酎金一斤"等字样。从这些文字信息来看，这些金饼就是西汉的"酎金"。金饼上的"元康"是汉宣帝刘询的年号。也就是在这一年，刘贺被封为海昏侯。

从这些有墨书的酎金来分析，刘贺在就任海昏侯的第一年就准备好了"酎金"去宗庙献祭，但是因为宣帝在封他为侯时就剥夺了他去宗庙祭祀的资格，因此刘贺准备的"酎金"一直没能献出去。刘贺去世后，这些金饼全部随他下葬。

刘贺墓里出土的五铢钱重有十几吨，在外回廊藏阁的钱库中堆成山一样。一次性出土这么多钱币，这在中国考古史上十分罕见。这批钱币刚出土的时候，专家根据重量估算至少有200万枚之巨。后来经过四五年时间的清点，这些钱币被证实有400万枚左右。据说，有一个博士研究生加入海昏侯墓考古队后，每天所做的事情，就是带着一群工人清点海昏侯墓中出土的五铢钱，一清理就是好几年。这个博士有一次接受媒体采访时调侃说，自己有可能是这个世界上最幸福的人，因为每天都过着"数钱数到手抽筋"的日子。当然，这是玩笑话了。

虽然根据出土钱币中封泥匣上有"昌邑令印"的文字记载，可以证实这堆钱币中有一部分是来自刘贺在昌邑时期的财富，但从墓中五铢钱庞大的数量和十几吨重的重量来看，这些钱币不可能都来自昌邑。因为从昌邑到海昏，翻山越岭，舟楫颠沛，路途遥远，运输实在不易。刘贺南迁时，大可以将这些钱币换算成黄金铸成金饼，也没必要如此费劲地从昌邑运十几吨钱币来海昏。当然，少量的钱币另当别论。

刘贺任海昏侯只有四千户食邑（后来还被削去了三千户），他能够从食邑人口中收取到的税赋也不可能有这么多。因此，这些数量庞大的五铢钱应该还另有来源。

海昏侯墓文物五铢钱

史料中找不到关于刘贺墓中这些钱币来源的记载，但是，根据《汉书》对另一位历史人物的记载，可以推断刘贺墓中数量庞大的钱币还存在另外一种来源，这就是汉代的"赗赠"制度。所谓"赗赠"，就是官员去世后朝廷视情况赐予一定数量的钱币，相当于今天的特别抚恤金。

《汉书·夏侯胜传》记载，上官太后的老师夏侯胜"年九十卒官，赐冢茔，葬平陵。太后赐钱二百万，为胜素服五日，以报师傅之恩……"。上官太后是汉昭帝刘弗陵的皇后，从承嗣关系上讲，也是刘贺的继母。当年因为昭帝刘弗陵驾崩无子，19岁的刘贺在昌邑王任上被征召入朝，入嗣昭帝，尊上官皇后为皇太后。

海昏侯刘贺去世后，上官太后有没有可能给刘贺这个嗣子以钱币赙赠呢？以上官太后对老师夏侯胜尚且"赐钱二百万"来分析，她对嗣子刘贺的赙赠还会少吗？

海昏十谜

[四] 身世之谜

刘贺当过诸侯王，做过皇帝，任过列侯，还经历了十年的庶民生活。他这种集王、帝、民、侯于一身的特殊身世，在中国历史上绝无仅有。

是什么样的机缘，成就了刘贺这种独一无二的特殊身世呢？解开这个谜，要从西汉版的"人鬼情未了"故事说起。

故事的主角有两个人，一个是中国古代历史上有"千古一帝"之誉的汉武帝刘彻，另一个是中国古代历史上有"倾国倾城"之称的武帝宠妃李夫人。刘彻是刘贺的祖父，李夫人是刘贺的祖母。

昌邑国故地（今山东菏泽巨野县昌邑村）

昌邑故城遗址

李夫人与刘彻之子刘髆，后来被封为昌邑王。刘贺是刘髆的独子，5岁承袭王位成为第二代昌邑王。

西汉时期的昌邑国封地在山阳郡，国都位于今天的山东巨野。据史料记载，西汉山阳郡下辖23县，辖区约有17万户80万人，是天下富庶之地。昌邑国都城地处中原腹地，扼踞黄河故道，是当时的经济都会。武帝把这样一块宝地封给了刘髆，而且后来还说出了"生子当置之齐鲁礼义之乡"这样的话，足见刘髆在武帝心中的地位。

从刘贺的出身来看，他属于"帝三代""王二代"，属于帝王之后，身世显赫。但是，刘贺的身世再怎么显赫，也没显赫到可以承袭大统成为大汉天子的地步。刘贺后来之所以能够成为大汉天子，寻根究底，与一个人有关。这个人便是他的祖母李夫人，也是西汉版"人鬼情未了"故事的女主。

众所周知，汉武帝一生之中宠爱过好几个女人。从第一个皇后陈皇后开始，到后来在皇后位时间长达38年之久的卫子夫，再到更后来的王夫人、李夫人、钩弋夫人等，《汉书》中留下了这些女人受宠的诸多记载。如果要问武帝晚年最宠的是哪一位女子，恐怕非"倾国倾城"的李夫人莫属。

李夫人是武帝的宫廷乐师李延年的妹妹。李延年年轻的时候因犯了罪被处以宫刑，发配到宫中养狗。李延年精通音律，入宫后心有不甘，总想着要改变自己的命运。他发挥自己的音乐才能，把武帝写的许多词都给谱上了曲，据说听者莫不动容，于是很快就引起了武帝的注意。

陈皇后像

武帝一看，这李延年是个人才啊，养狗实在是太可惜了，便安排他去做了个宫廷乐师。在宫廷乐师的位子上，李延年与皇亲贵戚们的接触就更多了。

汉武帝像

李延年有个妹妹，生得姿容秀媚、体态轻盈，且乐舞俱佳。他便想着要把妹妹进献给武帝为妃，借此改变家族的命运。彼时，陈皇后被废掉后位，早已故去，受宠多年的卫子夫皇后也已年老色衰，武帝身边正好缺人。李延年见有机可乘，便求到武帝的亲姐姐平阳公主府上，请她代为荐引。

一天，武帝在宫中宴请宾客置酒，平阳公主也在座，宫廷乐师李延年侍宴。酒过三巡，菜过五味，待酒酣耳热之际，李延年开始起舞表演。这次表演，他特地演唱了自己新写的歌："北方有佳人，绝世而独立，一顾倾人城，再顾倾人国。宁不知倾城与倾国，佳人难再得！"李延年这次表演，拿出了他压箱底的绝活儿，把一位倾国倾城的佳人演绎得惟妙惟肖。

武帝一生阅女无数，此时却对李延年歌中那位倾国倾城的佳人倾慕不已。武帝感叹道："这世间难道真有歌中所咏唱的那般佳人吗？"平阳公主早就受了李延年的嘱托，见武帝动了心，便趁势说道："陛下有所不知，延年的小妹，就是这样一位倾国倾城的绝世佳人啊。"

武帝一听，借着酒兴，马上下诏召李延年的妹妹入宫。一看，果然有闭月羞花之容、沉鱼落雁之貌，不愧是倾国倾城的绝世佳人。很快，武帝便纳李延年的妹妹为妃。由此，李氏宠冠后宫，号为"李夫人"。

从李延年成功将自己的妹妹推荐进宫这件事看来，他堪称是那个时代最了不起的营销大师。随着李夫人在宫中一天天得宠，李家逐渐成了当朝最显赫的外戚，李延年家族的命运因此发生了根本改变。

李夫人

李夫人像及其墓碑

史料中记载武帝与李夫人的故事比较多，也很有情趣，比如历史上有名的"玉搔头"故事。

有一天，武帝去李夫人宫中，忽然觉得头皮发痒。他见李夫人头上有支玉簪，便直接取下玉簪来搔头。瘙痒解除，武帝眉开眼笑。这件事很快就传遍了后宫，后宫的女子人人都学起了李夫人的样子，把头发挽成高高的发髻样，发髻上插上玉簪。宫中的女子们都期待着武帝哪天头皮痒的时候，能取下自己头上的玉簪来搔头，那样就能够像李夫人一样受宠了。据说，随着购买玉簪的女子日益增多，长安城的玉价翻了好几倍。

然而，自古红颜多薄命。李夫人为武帝生下儿子刘髆后不久，便身染重病，不久便病入膏肓，卧床不起。于是，就有了下面这个李夫人病中向武帝托付身后事的故事，比"玉搔头"的故事更有人情味。

一天，武帝亲自去看望已卧床不起的李夫人。李夫人一见皇帝到来，急忙以被覆面，说："我长久卧病，容貌已毁，不可以再见君王的面，愿以兄弟相托，请求陛下看在往日恩爱的情分上，给予特别的照顾。"武帝就说："夫人病势已危，何不赶紧让我再见上一面呢？"李夫人接着推辞："妇人貌不修饰，是不可以见君上的，请不要让我违了礼制。"武帝却坚持要见："夫人不妨见我，我将加赐千金，并给你兄弟封官。"李夫人坚拒："封不封赏在于君上，而不在于见与不见。"

武帝一定要见李夫人，并用手去揭被子。李夫人见状却转面向内，掩泣不止，任凭武帝再三呼唤，只是啜泣不见。武帝心里不悦，一怒之下拂袖而去。

这时，李夫人的姊妹也来宫中探视，见武帝怒气冲冲而去，都很诧异。待武帝走后，她们责备李夫人，说："你想将兄弟托付给陛下，只要让陛下见上一面，就可以轻易做到。而且陛下已经许诺了封赏，你又何苦去拂逆陛下的心意呢？"

李夫人长叹一口气，说出了一番千古名言："夫以色事人者，色衰而爱弛，爱弛则恩绝。"李夫人解释说："我不见陛下的原因，正是为了深托兄弟。我本出身微贱，陛下之所以眷恋我，只因我貌美而已。如今我病成这样，又哪里还有半点美貌？他若见到我现在的这个样子，必然心生嫌恶，弃之唯恐不及，又怎么会在我死后去照顾我的兄弟呢？"

不久，李夫人去世。而事情的发展也果然不出李夫人所料。李夫人拒见武帝，反而激起了他对李夫人无限的思念。李夫人逝后，武帝以皇后之礼将其安葬，并命画师将她生前的形象画下来挂在甘泉宫，从此天天睹像思人。

如果故事止步于此，那就不能让人拍案惊奇了。之所以说李夫人与武帝的故事是"人鬼情未了"，是因为后面还有故事。

李夫人逝世后，有一天，武帝去昆明池散心。昆明池的东和西各立了一个石人，一是牵牛，一是织女，池水做成了天河的样子。时值秋日，武帝坐在舟中，见夕照西斜，凉风激水，不禁触景怀人，想起了李夫人。他一时情难自已，即兴作新词一首，名《落叶哀蝉曲》："罗袂兮无声，玉墀兮尘生。虚房冷而寂寞，落叶依于重扃。望彼美之女兮，安得感余心之未宁？"

武帝游昆明池，本来是为了散闷，谁知反添了新愁。游湖归来，回到延凉室中休息时，武帝渐感倦怠。蒙眬之间，仿佛见到一个女子袅袅婷婷地走近，仔细一瞧，竟是李夫人。只见她手携一物，赠予武帝，说是蘅芜香。武帝惊醒过来，回忆梦境，历历如在眼前，仿佛还闻到一阵香气，芬芳不息。武帝记起李夫人梦中所赠的香，到处摸索却找不到，但是枕席衣襟之间，却不知怎的就沾染了香气。武帝因此将延凉室的名字改为了"遗芳梦室"，对李夫人的思念更甚。

武帝越是未能在李夫人病重的时候与她见上一面，就越是想见。又有一天，武帝召来一个方士在宫中设坛招魂，他要方士招来李夫人的亡魂相见，以慰渴怀。

昆明池中的汉武帝雕塑

　　这天晚上，方士在宫中搭起了一个帷帐，点上灯烛，请武帝在帷帐里观望。夜深人静时，摇晃烛影中，武帝隐隐约约感觉到有个曼妙的身影翩然而至，顷刻又徐徐远去。武帝痴痴地望着那个仿如李夫人的身影，凄然呼唤："是邪，非邪？立而望之，偏何姗姗其来迟！"

　　武帝与李夫人"人鬼情未了"故事，今天读来，仍不免令人唏嘘。《汉书·外戚传》记载，后来武帝按照李夫人的遗愿，封了她哥哥李延年为协律都尉，成了掌管天下音乐的高官。李延年后来也很受宠，竟然到了"与上卧起"的地步，简直就成了武帝的幸臣。李夫人的另一个哥哥李广利后来被封为贰师将军、海西侯，在朝堂中的地位也十分显赫。

在刘贺的身世中，贰师将军李广利也是一个不能不说的人物。他也是"人鬼情未了"故事中，李夫人向武帝托付的人之一。

李广利是李夫人的另一个哥哥，也就是刘髆的舅舅。李广利因妹妹受宠而得势，被封为贰师将军后，曾两次受命出征西域大宛国，获取了大批被武帝珍为"天马"的汗血宝马。因为收获"天马"有功，李广利被武帝封为海西侯，成为大汉朝继卫青、霍去病之后的又一名重要武将。但是，历史评价其能力和水平似乎与前二者相去甚远。

有一次，海西侯李广利受命出征匈奴。当时，长安城未央宫刚刚经历了"巫蛊之祸"，武帝的长子刘据和卫子夫皇后先后自杀身亡。之后，武帝再未立太子，导致太子一位空悬。于是，武帝在世的几个儿子就都有了想法。

彼时，武帝的二子齐王刘闳已早逝。因此，能够竞争太子一位的还有四人，即燕王刘旦、广陵王刘胥、昌邑王刘髆，还有武帝最小的儿子刘弗陵。

因为大哥、二哥都不在了，身为老三的燕王刘旦就成了武帝剩下儿子中的"老大"。刘旦认为按照"立长"的规矩，武帝应该考虑立自己为太子。刘旦比较心急，便向武帝上书自请立为太子。武帝此时正沉浸在太子被人构陷自杀身亡的悲痛中不可自拔。他本就对燕王刘旦不喜欢，见他这么着急自请立太子，气不打一处来，一怒之下削掉了燕王三个县的封地，给予了刘旦严厉的处罚。燕王刘旦自此一蹶不振，退出了太子位的竞争。这就是西汉历史上著名的"燕王自请立太子"事件。

汉广陵王墓博物馆外景

广陵王刘胥排行老四,和刘旦是一母所生的亲兄弟。与燕王刘旦一样,广陵王刘胥因为平常行事不讲规矩,也不怎么受武帝的待见。见哥哥因自请立太子而受罚,刘胥便也收起了对太子位的觊觎之心。

这个时候,即将出征匈奴的李广利有想法了。他见武帝惩罚了老三,吓住了老四,以为武帝是看中了老五刘髆。毕竟,排行老六的刘弗陵实在是太小了。武帝在惩罚燕王刘旦之后说了这样一番话:"生子当置之齐鲁礼义之乡,乃置之燕赵,果有争心。"(《史记·三王世家》)武帝的这番话明确地表扬了齐鲁之地的昌邑王,这给了李广利信心和勇气。李广利想帮外甥一把,给刘髆上位创造条件。

至誠至聖與兩間功化同流

刘贺的生长地山东菏泽巨野县的孔庙

先覺先知為萬古倫常立極

于是，李广利在出征之前与当朝丞相也是亲家的刘屈氂密谋，联手将刘髆推上太子位。但是，机事不密，李广利与刘屈氂二人密谋荐立昌邑王刘髆为太子一事被人告发，武帝再次震怒，将刘屈氂腰斩。李广利得知消息后心慌意乱，在与匈奴人的交战中兵败投降，最终被武帝灭族。

虽然在这起谋立太子的事件中，昌邑王刘髆作为"局中人"并没有受到武帝的惩罚，但是，他在朝中可倚靠的舅舅李广利被灭族，这让刘髆受到了不小的打击。武帝驾崩的前一年，刘髆突然去世。最后武帝在临终前将皇位传给了最小的儿子——年仅8岁的刘弗陵。

刘髆的突然死亡，直接改变了刘贺的命运。刘髆死后，5岁的刘贺承袭了昌邑王位。由于李广利被灭族，刘贺在朝堂里没有了根基，成了一个远离朝堂、势单力孤的诸侯王。

后来，因为汉昭帝驾崩无子，历史才给了刘贺一个机会。昌邑王刘贺被霍光以上官皇后的名义征召入朝后，短暂地做了27天大汉天子后就被废黜，成为中国西汉时期在位时间最短的一个皇帝，也是中国古代历史上很罕见的被废黜之后没有被杀掉的皇帝。尤其是刘贺在经历了庶民十年之后，还被封侯，实现人生逆袭，堪称创造了奇迹。

刘髆与刘贺父子任昌邑王期间的情况，《汉书》中的记载甚少。但是，从《汉书》对其他历史人物的记载中，大致可以了解到一些情况。刘髆的老师是夏侯始昌。《汉书·夏侯始昌传》记载，夏侯始昌"通五经，以齐诗、尚书教授"，是当世名儒。从给刘髆安排这样一位重量级的老师来看，武帝很重视对刘髆的培养。

孔庙里的孔子像

海昏侯墓文物孔子镜屏

昌邑国所在的齐鲁之地本就是孔孟之乡，刘髆给刘贺留下的封国班底中有不少是当世的大儒。刘贺身边的辅臣见之于史料记载的有王式、王吉、龚遂等人。其中王式是刘贺的老师，是传授《诗经》的大家；王吉是昌邑国中尉，是传授《齐论语》的名家；龚遂是昌邑国郎中令，是位通晓经术之士。这三人也是刘贺被废掉皇位后，他当初带进宫的数百名昌邑臣子中，没有被杀掉的三人，后来都成了西汉名臣。

虽然史料对刘贺的记载非常少，但从有限的记载中仍然可以看出，刘贺受过很好的儒学教育。据《汉书·霍光传》记载，刘贺在被霍光废掉皇位进行抗争时，脱口而出引用了《孝经·谏争章》中的话："闻天子有争臣七人，虽无道不失天下。"从这个细节来看，刘贺对儒家典籍非常熟悉。

无独有偶，在海昏侯刘贺墓的出土文物中，也发现了《论语》《礼记》《易经》《孝经》等，还有绘了孔子及其弟子画像和介绍他们生平事迹的镜屏。这也说明了儒家典籍在刘贺生活中的重要位置。

称帝之前，刘贺在昌邑王位上达 14 年之久。在昌邑国这"一亩三分地"上，他是最高的王，加上身边有一批优秀谋士辅佐王业，刘贺这个昌邑王表现应该不错，昌邑国也国富民安。但是，刘贺在称帝之后的所作所为，却让人大跌眼镜。

刘贺集王、帝、民、侯于一身的特殊身世，在中国历史上仅此一人。刘贺这种特殊身世的背后，有没有"人鬼情未了"故事女主角的余荫呢？

海昏十谜

[五] 称帝之谜

《汉书》说刘贺"荒淫迷惑，失帝王礼谊，乱汉制度"；民间说刘贺在位 27 天却做了 1127 件坏事，仿佛他当皇帝就是为了干坏事。

历史名声如此糟糕的刘贺是怎么当上皇帝的？解开这个谜，要从汉昭帝刘弗陵突然驾崩这一重大历史事件说起。

汉武帝去世后，将皇位传给了年仅 8 岁的小儿子刘弗陵。刘弗陵在位 13 年，21 岁那年突然驾崩，没有留下子嗣。皇帝驾崩无子，围绕皇位人选，朝堂陷入纷争之中。

由谁来接任皇位？朝堂中分成了两派。一派主张拥立广陵王刘胥，因为刘胥是武帝当时唯一在世的儿子，由他继位最合朝堂惯例。另一派则主张从昭帝晚一辈的皇室后裔中选，理由是当年武帝传位时就没有考虑过传给年长的燕王和广陵王。武帝当年之所以"废长立幼"，就是因为无论是燕王还是广陵王，都难当社稷大任。当年武帝就没看中的人，今天怎能再立为帝？

在皇位人选问题上，最终有决定权的是武帝当年钦点的托孤重臣——大司马大将军霍光。

作为朝堂主辅，霍光已辅佐了昭帝刘弗陵 13 年。昭帝行成人礼后，霍光本当还政于帝，但他以刘弗陵身体欠佳为由，迟迟未让昭帝亲政。由于霍光一直未归政于帝，刘弗陵当了一辈子的傀儡皇帝。

在霍光主持朝政的这些年中，朝堂内外逐渐形成了"政事壹决于光"的局面。眼下，帝位空悬，选谁接任？朝堂上下的目光都投向了大司马大将军霍光。

对于皇位人选，霍光当然有自己的考虑。但是，作为决策者，他不便先说，而是按程序交由朝堂的大臣们先去议，看看大家议的结果是否和自己心里想的相一致。如果一致，那就顺水推舟；假如不一致，那就得想办法统一朝臣们的思想。

皇帝驾崩无子嗣，按照惯例，首先应当从皇帝兄弟一辈的人中去考虑接任人选，所谓"兄终弟及""弟终兄接"，讲的就是这个道理。彼时，武帝的六个儿子中尚有一人在世，就是第四子广陵王刘胥。刘胥正当壮年，且已当了几十年的王，正是年富力强的时候。朝中绝大多数大臣都以为由广陵王刘胥接位最为合理。

据《汉书·霍光传》记载："元平元年，昭帝崩，亡嗣。武帝六男独有广陵王胥在，群臣议所立，咸持广陵王。王本以行失道，先帝所不用。光内不自安。"

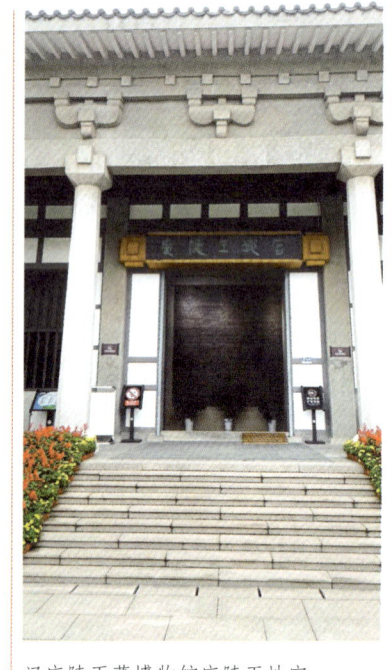

汉广陵王墓博物馆广陵王地宫

从这段记载来看，昭帝驾崩后，朝堂上几乎是一边倒地主张拥立广陵王刘胥为帝。拥立广陵王的呼声越高，霍光的心里就越加不安。因为，刘胥不仅不是他心中的人选，还是他必须要竭尽全力去阻止接位的人选。

从表面上看，霍光不想立广陵王刘胥为帝的理由是"王本以行失道，先帝所不用"。也就是说，当年武帝在选择传位人选时，就是因为刘胥品行不端，所以才没有选他。武帝当年就不认可广陵王，今天又怎么可以让他接任皇位呢？实际上，霍光心里对人选有自己的想法。他若想继续保持"政事壹决于光"的朝堂局面，就必须要选一个更年轻且更容易控制的人。

在群臣的主张和自己的想法不一致时，霍光于是搬出了武帝，以"王本以行失道，先帝所不用"为由，堵住了悠悠众口。

史料记载，广陵王刘胥在王位达63年之久。昭帝刘弗陵驾崩时，刘胥正值壮年。霍光心里盘算，当年武帝在位的时候，刘胥就不怎么听招呼。武帝逝后这些年，广陵王羽翼渐丰，如果让他

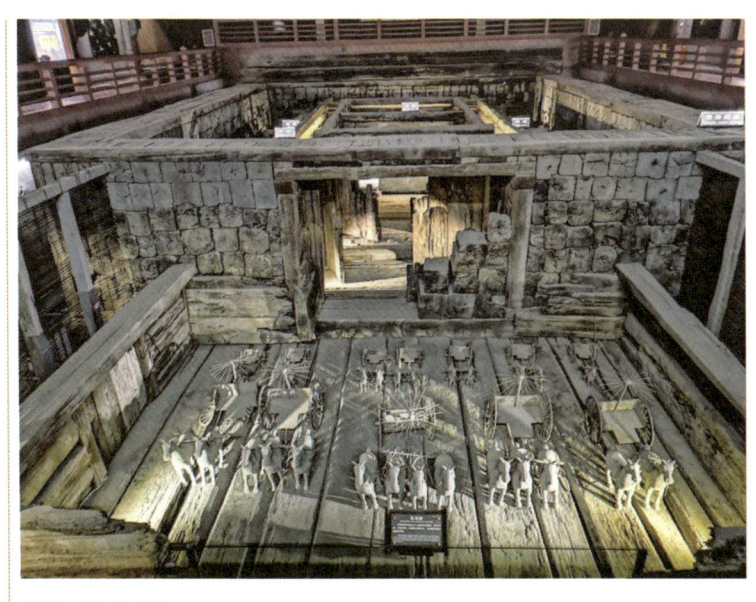

广陵王地宫内室

接了皇位，恐怕将无人能驾驭。从群臣"咸持广陵王"的态度来看，霍光十分担心，一旦正处壮年的刘胥称帝，自己的首辅地位恐将不保。

见霍光在朝堂上有意排挤广陵王接位，有个郎官算是看出了霍光的心思：大将军这是要废长立少啊！

郎官便写了份奏章，阐述历史上曾经有过的"废长立少"先例，认为虽然广陵王年长，但是既然武帝不认可广陵王，那就不应该立广陵王为帝。只要有合适的人选，废长立少也是可以的。

郎官的话在《汉书·霍光传》中有记载："周太王废太伯立王季，文王舍伯邑考立武王，唯在所宜，虽废长立少可也。广陵王不可以承宗庙。"太伯是周太王的长子，王季是周太王的少子；伯邑考是周文王的长子，武王是周文王的次子。郎官举了周朝历史上两个著名的废长立少的例子，这两次废长立少事件，都已经被历史证明于国有大利。

其实，郎官大可不必这么大费周折地举周朝的例子，因为无论是武帝当年接位，还是武帝后来传位给刘弗陵，都属于"废长立少"。从郎官引经据典的情况来看，汉代人遇事比较喜欢循史，尤其是前朝的历史，颇有些以史为鉴的味道。至于本朝的历史，因为是身边事，反而不便拿来说事。

郎官的这份奏章正好对上了霍光的心思，郎官的"废长立少可也"，恰是霍光想讲而没讲出来的话。这个郎官恰到好处地解了他的难，霍光也就马上提拔这位郎官为九江郡太守，投桃报李，以示褒奖。

霍光把郎官的奏章给丞相杨敞等朝堂大臣们看，同时传递出了自己决意不立广陵王刘胥的态度。群臣大都唯大司马大将军霍光马首是瞻，便再也没有人敢提拥立广陵王的事了。在霍光的巧妙运作下，广陵王刘胥最终与帝位失之交臂。

广陵王刘胥被否决，历史给了年轻的昌邑王刘贺一个"天上掉下个皇帝位"的机会。当日，霍光就奉了上官皇后的诏令，派遣代理大鸿胪的少府史乐成、宗正刘德、光禄大夫丙吉、中郎将利汉等人，昼夜兼程赶往昌邑国，迎接昌邑王刘贺进京。

从霍光当天就迫不及待地派出人马赶赴昌邑国，宣召刘贺进京的情势来看，霍光也是怕夜长梦多，滋生变故。昌邑王刘贺是昭帝的侄子，比广陵王刘胥晚了一辈，正属于郎官奏章里"废长立少可也"的那个"少"。这个年少的刘贺正是霍光心中那个最理想乃至是唯一的皇位人选。

广陵王地宫的黄肠题凑

广陵王地宫的黄肠题凑

从史料记载来看，昭帝刘弗陵晚一辈的皇室后裔还有其他人。为什么说霍光心中最理想乃至是唯一的人选是昌邑王刘贺呢？梳理一下刘弗陵侄子一辈中的人，就会明了为什么是刘贺，而不能是其他人。

先来看看昭帝刘弗陵的大哥戾太子刘据这一脉。刘据因为"巫蛊之祸"被人构陷，在长安城起兵诛杀了江充等查案官员，并与武帝派来镇压的军队作战，兵败后自杀身亡。戾太子犯下了谋反罪，导致全家被诛。尽管后来武帝意识到太子是被人构陷的，且建了一座思子宫以示怀念，但是不知何故，武帝一直到驾崩都没有给刘据平反。刘据有三个儿子，但《汉书·武五子传》记载，"及太子败，皆同时遇害"。所以，在戾太子刘据的晚一辈人中，已经没有了可能。

黄肠题凑木头上的文字

广陵王墓出土文物

昭帝的二哥是齐王刘闳。刘闳早逝且无后人，所以这一脉排除。

昭帝的三哥是燕王刘旦。刘旦在昭帝时期为争夺皇位，参与了上官桀、桑弘羊等人的谋反，被昭帝刘弗陵和大将军霍光联手镇压，最终因谋反罪被赐自杀，史称"燕王之变"。据《汉书·武五子传》记载："旦立三十八年而诛，国除。"刘旦有三个儿子，因为燕王犯的是谋反罪，所以其后人进入不了朝堂的视野。因此，燕王刘旦这一脉也可以排除。

昭帝的四哥就是广陵王刘胥了。在《汉书》的记载中，刘胥至少有六个儿子。因为刘胥已被霍光排除在皇位人选之外，所以他的儿子也就不可能再列入考虑人选。因此，广陵王刘胥这一脉也没戏。

　　这样逐一梳理下来，能够作为皇位人选来考虑的，就只剩下昭帝的五哥昌邑哀王刘髆这一脉了。虽然刘髆早已去世，但其子刘贺正值英年。刘贺也正是昭帝刘弗陵的侄子。真是山不转水转，可能当年想竞争太子位的刘髆自己都没有想到，有朝一日，他未竟的事业会在未来的某一天由他的儿子刘贺来替他完成。

汉广陵王墓博物馆内的车马具雕塑

于是，刘贺作为霍光心中最理想乃至是唯一的人选，被他以上官皇后诏令征召入朝，先立为太子；在主持完昭帝丧礼后，立为帝。

霍光在排除广陵王后，之所以选择刘贺，除了别无选择外，更深的考量应该是刘贺在朝堂里没有什么根基。因为，昌邑王这一脉最有权势、最可倚靠的贰师将军李广利，已被武帝灭族。刘贺朝中没人，只能倚靠他这个大将军，这样的人才好驾驭。

霍光选择刘贺接任皇位，冥冥之中似乎也有某个机缘在起作用，这个机缘就是刘贺的祖母李夫人，也就是前一章所述"人鬼情未了"的故事女主。《汉书》记载了一个武帝逝后，霍光揣度圣意为孝武皇帝配享皇后的故事，那位被配享的皇后就是李夫人。李夫人在世的时候没有被封为皇后，未曾想去世以后，却被配享为皇后。

据《汉书·外戚传》记载："武帝崩，大将军霍光缘上雅意，以李夫人配食，追上尊号曰孝武皇后。"也就是说，因为武帝生前最喜欢的是李夫人，所以霍光"缘上雅意"，在武帝驾崩后，将李夫人作为皇后来对待。霍光将李夫人迁到武帝的茂陵安葬，并追谥了"孝武皇后"的尊号。刘贺作为孝武皇后的亲孙子，这无形中大大增加了刘贺承继大统的可能性。

因为有了孝武皇后这层特殊的关系，所以当霍光提出昌邑王刘贺这个人选时，几乎没有遇到多少阻力就被朝堂顺利地通过了。虽然刘贺是孝武皇后亲孙，但是，因为要接的是昭帝刘弗陵的皇位，所以刘贺只能是以刘弗陵嗣子的身份，先是被立为太子，然后得以继位，其宗籍身份要归到昭帝刘弗陵的名下。

从霍光派去迎请昌邑王进京的豪华阵容来看，霍光对征召刘贺进宫是极为重视的。朝堂派去昌邑国迎接刘贺的几位大臣中，

汉昭帝刘弗陵和孝昭上官皇后合葬陵墓平陵

大鸿胪史乐成是掌管朝贺庆吊的赞礼司仪，宗正刘德是掌管皇族亲属事务的官员，光禄大夫丙吉和中郎将利汉也都是当朝大臣。

大将军霍光只是大汉朝堂的一个臣子，为什么作为臣子的霍光却能够决定皇位人选呢？这就要说到武帝与霍光的关系了。

《汉书·霍光传》记载了武帝晚年选择辅政大臣时的考量："察群臣唯光任大重，可属社稷。上乃使黄门画者画周公负成王朝诸侯以赐光。"从这个记载来看，武帝晚年已经下决心要传位给幼子刘弗陵。武帝赐给霍光这幅画，已经是在暗示霍光，要他准备效仿周公辅佐幼主。

周公是周文王的第四子，周武王的亲弟弟。周武王驾崩之后，年幼的成王即位。周公辅佐成王从13岁到20岁，这期间，由他

周公辅成王画像砖

代行天子职权。成王长大行成人礼后，周公将朝政还给了成王，自己继续称臣。周公因此也成了后世之典范。

　　武帝将周公辅成王的画赐给霍光，意味深长。后来，武帝在五柞宫病重的时候，更是将霍光召至病榻前，直接将辅佐幼主的事情挑明。《汉书·霍光传》记载："后元二年春，上游五柞宫，病笃，光涕泣问曰：'如有不讳，谁当嗣者？'上曰：'君未谕前画意邪？立少子，君行周公之事。'"

　　武帝去世前，任命霍光为大司马大将军领尚书事，总领朝政；同时，又任命金日䃅为车骑将军，上官桀为左将军，桑弘羊为御史大夫，共同辅佐幼主。武帝驾崩后，由于刘弗陵年幼，国家大事统统都由霍光代为决断。实际上，霍光就像当年的周公一样，代行了天子职权，即《汉书·霍光传》所载："政事壹决于光。"

　　按照武帝对身后事的安排，霍光等几个辅政大臣各司一职而又相互牵制。武帝这样安排，就是为了防止朝政被其中某一位大臣所独揽。武帝的布置看似平衡周密，但在实际操作中，霍光的权力比其他几个辅政大臣要大得多。霍光利用朝堂首辅的有利身份，运筹帷幄，不久就抓住机会打破了武帝生前安排的朝堂权力制衡的局面，成了大汉朝的实际当家人。这个机会就是燕王刘旦谋反事件。

《汉书·霍光传》记载："燕王旦自以昭帝兄，常怀怨望。及御史大夫桑弘羊建造酒榷盐铁，为国兴利，伐其功，欲为子弟得官，亦怨恨光。于是盖主、上官桀、安及弘羊皆与燕王旦通谋……"

这段记载显示，燕王刘旦为了夺取弟弟刘弗陵的皇位，竟然与另两位辅政大臣桑弘羊和上官桀勾连了起来。不仅如此，几人还和昭帝的亲姐姐鄂邑盖长公主互为奥援，结成了同盟。

有一次，燕王刘旦让人以他的名义伪造奏章，上书给昭帝，告霍光有谋反的迹象。《汉书·武五子传》："今大将军长史敞无劳，为搜粟都尉。又将军都郎羽林，道上移跸，太官先置。臣旦愿归符玺，入宿卫，察奸臣之变。"刘旦的上书，指责霍光越制，任人唯亲，有不臣之心。刘旦此番联手桑弘羊、上官桀等重臣一起逼宫，志在必得。

当时朝堂的形势可谓是剑拔弩张。霍光与上官桀、桑弘羊同为辅政大臣，霍光虽处于首辅位置，但是还没有到一言九鼎的地步。上官

桑弘羊像

桀和桑弘羊各恃己功，时刻都想取霍光而代之，成为朝堂的当家人。武帝逝后，燕王刘旦一直对刘弗陵的皇位虎视眈眈，认为皇位本来就应该属于自己。刘旦告发霍光有篡位之心，本想利用不明事理的小皇帝，和上官桀、桑弘羊一道制造机会将霍光赶下台，然后好趁机取代刘弗陵的皇位。可是，让人没想到的是，小皇帝刘弗陵竟然识破了几人的阴谋，和霍光联手打了对方一个措手不及。

霍光很好地利用了燕王刘旦试图谋反的机会，趁机果断清理朝堂，将参与谋反的桑弘羊、上官桀、上官安全部诛杀。燕王刘旦、鄂邑盖长公主也都自杀身亡。经此一役，霍光威震天下，确立了自己在朝堂中的绝对地位，成为大汉朝的实际当家人。

在霍光辅政期间，昭帝刘弗陵一直未能亲政。霍光不光管了皇帝的朝堂之事，甚至连皇帝的后宫之事也一并管了。昭帝的皇后上官氏是霍光的外孙女。为了巩固霍家的地位，霍光以皇帝身体欠安为由，"左右及医皆阿意，言宜禁内，虽宫人使令皆为穷绔，多其带，后宫莫有进者"。这等于是剥夺了后宫佳丽侍寝皇帝的机会，以保证"皇后擅宠有子"。

无奈直到昭帝驾崩，上官皇后都未能如霍光所愿生下皇子，导致刘弗陵断了子嗣。也正因如此，历史才给了刘贺一个短暂问鼎天下的机会。

海昏十谜

[六] 废帝之谜

刘贺一生中最惊心动魄的时刻，莫过于在短暂称帝后就被废黜为庶民，而且拥立刘贺为帝与废黜其为庶民的都是同一个人。

为什么刘贺会被废黜？为什么霍光身为臣子却敢废帝？"解铃还须系铃人"，解开这个谜，要从大司马大将军霍光说起。

霍去病陵墓墓碑

霍去病雕像

霍光是骠骑将军霍去病同父异母的弟弟。霍去病因抗击匈奴立下不世之功，被封为冠军侯，深得武帝的赏识。霍去病功成名就后，将同父异母的弟弟霍光带进长安引入宫中。在霍去病的帮助下，霍光从郎官做起，一路迁任，很快就进入了武帝的视线。

霍去病英年早逝，武帝很是伤感。在武帝的特殊关照下，年轻的霍光很快就成为武帝身边的近臣，得以侍奉左右，深受武帝信任。

武帝晚年决定立幼，命霍光为大司马大将军，和金日䃅、上官桀、桑弘羊等人一同辅佐8岁的刘弗陵。霍光作为主辅，肩负起了匡扶社稷的重任。

马踏匈奴石雕

嘉祥武氏墓群石刻中的金日磾（左）与休屠王

霍光与同为辅政大臣的金日磾和上官桀都有姻亲关系。金日磾与霍光私交很好，可惜死得较早，使得霍光在朝中失去了一个十分重要的援手。上官桀的儿子上官安娶了霍光的长女为妻，并育有一女。按理说，霍光与上官桀是儿女亲家，双方的关系应该也很融洽；但恰恰相反，两人后来渐渐走到了反目为仇的地步。

上官桀与霍光反目成仇的导火索，是霍光的女婿上官安想让自己6岁的女儿入宫。上官安的女儿是上官桀的孙女，也就是霍光的外孙女。因为霍光位高权重，上官安想争取岳父霍光的支持，让女儿进宫，并运作让其当皇后。没想到，他的想法遭到了霍光的反对。

上官安于是转而走昭帝的亲姐姐鄂邑盖长公主的门路，最终实现了目的，成为当朝天子的岳父，一时权势熏天。上官父子为了回报鄂邑盖长公主，准备将其情夫丁外人封为列侯并担任光禄大夫，被霍光驳回。霍光此前也曾多次阻止上官桀家族其他亲戚封官，上官父子对霍光恨得咬牙切齿，却又无计可施。

后来，上官桀父子联合鄂邑盖长公主、燕王刘旦以及同为辅政大臣的桑弘羊等人，结成了反霍光同盟，向昭帝上书诬陷霍光有不臣之心。可年仅14岁的昭帝竟识破了他们的阴谋，继续信任霍光，同时疏远了上官桀等人。

上官桀等人见无法从昭帝那里突破，便决定发动政变，袭杀霍光，废黜昭帝，立燕王刘旦为帝。但是，政变计划还没来得及实施就被泄露。昭帝和霍光联手诛灭了上官父子和桑弘羊一家，鄂邑盖长公主和燕王刘旦也因谋反之罪不得不自行了断。上官安的女儿因为是霍光的外孙女且已经是皇后，没有受到牵连。

金日磾像

至此，当初武帝指定的几个辅政大臣只剩下首辅霍光一人。元平元年（前74年），昭帝驾崩无子，年轻的昌邑王刘贺被霍光以上官皇后的诏令迎请入朝，主持昭帝丧礼后被拥立为帝。刘贺称帝后，尊昭帝的皇后上官氏为皇太后。刘贺称帝27天后，霍光又以上官皇太后的诏令将刘贺废黜为庶民。

从上面的简要梳理来看，霍光凭借着武帝"托孤之臣"的特殊地位，在剪灭了同为辅政大臣的上官桀、桑弘羊等政敌后，在朝堂形成了"政事壹决于光"的局面。因此，在昭帝驾崩无子、帝位空悬的关键时刻，霍光担起了为国立君的重任。

在群臣"咸持广陵王"的时候，霍光力排众议选择了昌邑王刘贺。尽管霍光选刘贺有自己的小算盘，但无论是人选的提出还是所经的程序都合乎规矩，因此朝臣们也都接受。但是拥立刘贺为帝之后，马上又废黜掉，这就有点冒天下之大不韪了。毕竟，以臣子的身份废黜皇帝，无论怎么说都是以下犯上，难免会在历史上留下千古骂名。况且无论是"立"还是"废"，都是霍光做的决定。翻手为云，覆手为雨，被时人和后世诟病也在所难免。

既然明知道废帝会有巨大风险，霍光为什么还敢这么做呢？霍光决定废黜刘贺的过程中，有个历史细节很值得玩味，这就是他与亲信田延年密谋时的对话，见《汉书·霍光传》："贺者，武帝孙，昌邑哀王子也。既至，即位，行淫乱。光忧懑，独以问所亲故吏大司农田延年。延年曰：'将军为国柱石，审此人不可，何不建白太后，更选贤而立之？'光曰：'今欲如是，于古尝有此否？'延年曰：'伊尹相殷，废太甲以安宗庙，后世称其忠。将军若能行此，亦汉之伊尹也。'"

从霍光"忧懑"的态度来看，霍光心里对当初力排众议拥立刘贺已很懊悔，他有了废帝的想法，却担心会留下历史骂名，这

伊尹

伊尹像

才找来心腹密谋，想问问接下去该怎么做才好。田延年非常清楚霍光的顾虑，便引经据典讲了商代名相伊尹"以下废上"的历史典故，鼓励霍光做"汉之伊尹"。

田延年建议霍光效仿伊尹"以下废上"，与上一章"称帝之谜"中那个郎官建议霍光效仿周太王、周文王"废长立少"，在以史为凭的手法上，如出一辙。从以史为凭的视角看，霍光之所以敢于迈出废帝这一步，是因为历史上有过先例，而且还因此留下了千古英名。

历史上通过废帝留下英名的是商代名相伊尹。相传伊尹当年辅佐太甲帝的时候，因为太甲帝即位后荒淫无道，作为宰相的伊尹竟然把太甲帝流放到其父亲下葬的桐宫去守孝思过，自己代帝执政，接受诸侯的朝拜。三年后，太甲帝改过自新，伊尹又把他接回，重新归政于太甲帝，自己则继续辅佐朝政。

《史记·殷本纪》记载："帝太甲既立三年，不明，暴虐，不遵汤法，乱德，于是伊尹放之于桐宫。三年，伊尹摄行政当国，以朝诸侯。""伊尹废太甲"的典故让霍光找到了废黜刘贺的历史依据。既然前人已经有过先例，那就不妨效仿一回。

霍光内心中，未尝就没有成为"汉之伊尹"的想法。而纵观中国历史，霍光因为废黜刘贺这件事，后来果然与伊尹相提并论为"伊霍"。后世的权臣们在废黜当朝皇帝时，一般都说是在行"伊霍之事"。只是后世对霍光的评价却远不如对伊尹的评价高。

霍光废帝成功后，亲自将刘贺押送到位于长安城的昌邑王府邸。霍光临别时对刘贺说了一番话，从中能够品味出霍光当时的心绪。

《汉书·霍光传》记载："光谢曰：'王行自绝于天，臣等驽怯，不能杀身报德。臣宁负王，不敢负社稷。愿王自爱，臣长不复见左右。'光涕泣而去。"

"宁负王，不敢负社稷"，通过这番言辞，霍光将自己的废帝之举放在了历史正义的一面，占据了忠义的制高点。"王行自绝于天"，这是霍光对刘贺被废黜事件的定性。

刘贺称帝之后的种种行为，确实让人匪夷所思。霍光所说的"王行自绝于天"的话，印证了2000多年来流行于民间的一种说法："刘贺在位27天，却干了1127件坏事。"民间的说法，从一个侧面说明刘贺称帝期间的所作所为确实到了乱汉制度、危及朝堂的地步。

以今人的视角来看，刘贺在称帝前后的行为举止，多属于不拘小节之类的放纵行为。比如：刘贺在昭帝驾崩的时候，没有表现出应有的悲哀之心；不遵守奔丧的礼仪，在进长安的路上不吃素食；在奔丧的路上抢民女；主持先帝丧礼期间，让下人偷偷出宫去买鸡豚等荤食；让昌邑的乐人在昭帝灵堂的前殿击鼓歌舞；光禄大夫夏侯胜及侍中傅嘉数次谏告不听，反而杖责夏侯胜，诏傅嘉下狱……

这些吃喝玩乐、不听劝谏之类的事情，以刘贺当昌邑王时的行事风格来说，那可能都不算什么大事。对于"普天之下，莫非王土"的皇帝而言，这些更算不了什么。之所以当了皇帝反而成了他的罪状，只因碰到了霍光这样一个厉害人物而已。

史料记载刘贺所犯的过错中，真正严重的罪名只有一个，那就是导致霍光"忧懑"的"既至，即位，行淫乱"。史料记载，刘贺与孝昭皇帝宫人蒙等行淫乱之事，并下诏给掖庭令，"敢泄言要斩"。刘贺作为昭帝的嗣子，竟然敢去动先帝的"奶酪"，实属大不敬。这让霍光抓住了一个一击必杀的绝佳机会。最终，刘贺因"荒淫迷惑，失帝王礼谊，乱汉制度"等罪状，被霍光废掉帝位。

从历史的眼光来看，霍光废黜刘贺帝位的行动，就是一场地地道道的宫廷政变。霍光发动的这场宫廷政变相当成功，也非常顺利。但是按照一般的情理，废黜在位的皇帝，终究不是人臣应该做的事情。为了避免让自己陷入历史被动，霍光除了动用上官皇太后这张能够做出废立决定的底牌之外，还在立刘贺为帝的时候就给他留了一手。这一手就是废黜刘贺奏章中所说的"陛下未见命高庙"。

"告庙"是历代皇帝在即位的时候都要履行的一道宗庙程序。对于汉代的皇帝来说,只有经历了到太祖庙向高祖皇帝刘邦禀报自己接任皇位,才算完成了称帝的所有程序,成为朝堂与宗庙公认的大汉天子。刘贺没有去告庙,意味着还没有得到宗庙的承认。用今天的话来说,刘贺尽管已称帝,却只是个试用期的皇帝,要待正式告庙后才能转正。

一般来说,汉朝新皇帝的告庙仪式,都是在登基典礼之后很短的时间内进行。如汉文帝即位后到告庙,中间只隔了一天。又如《汉书》对昭帝、宣帝、元帝、成帝等皇帝登基程序的记载,都是"即皇帝位,谒高庙",前后紧密衔接,一气呵成。

然而,刘贺登基后一直到霍光把他废黜,都没有被安排去谒见高庙,个中缘由,耐人寻味。回顾刘贺奉诏进京的过程,霍光先是让刘贺以主持昭帝丧礼的身份来到长安城,对刘贺在丧礼中的表现考察了一番后,才将其立为太子;立为太子后,又观察了一番才让刘贺称帝。

从整个立帝的过程看,霍光对自己选中的这个皇位人选,不可谓不谨慎。刘贺在主持丧礼期间和立为太子后,虽然表现出了一些不拘小节之类的问题,却并未影响他称帝。霍光让刘贺登基,却又不安排刘贺去告庙,极有可能是霍光有意为之。假如当时按常规让刘贺称帝后随即完成告庙仪式,那么,在宗庙意义上,刘贺就成了地地道道的皇帝。那时若再想将其废黜,将会遭遇更多更大的困难。

霍光给刘贺留的这一手,堪称老谋深算。

果不其然,因刘贺"未见命高庙",最终给了霍光废帝以合规的理由。"宗庙重于君",只有告庙了才能成为真正的天子,而刘贺既"未见命高庙",又犯下了"既至,即位,行淫乱"这

霍光像

样不可饶恕的严重过错，当然也就"不可以承天序，奉祖宗庙，子万姓"了，被废黜也就不可避免。

《汉书·霍光传》记载的刘贺被废黜的过程，虽然着墨不多，但今天读起来，仍感惊心动魄。

霍光同群臣一起谒见禀告上官太后，详细陈述昌邑王刘贺不能胜任皇位的情况。于是，皇太后乘车驾来到未央宫承明殿，诏令不准放昌邑的群臣进宫。

刘贺进宫后，守卫就把宫门关上，不放昌邑的群臣进来。霍光派人将昌邑的群臣全部驱逐出宫，车骑将军张安世率领羽林骑士拘捕捆绑了200多人，交给廷尉关在诏狱内。然后，太后下诏召见刘贺。

太后盛装坐在帷帐中，数百宫廷卫士拿着武器，期门武士持戟排列在殿阶下。众大臣依次进殿。太后叫刘贺伏在前面听候诏令。尚书令宣读弹劾奏章，历数刘贺的种种罪行。弹劾奏章称，宗庙比君王更重要，刘贺没有到高庙受命，就不可以承天命，应当废黜。上官皇太后准奏后，霍光叫刘贺起来跪拜接受诏令。

刘贺在这个千钧一发的时刻开始了抗争，他争辩道："闻天子有争臣七人，虽无道不失天下。"

刘贺在情急之下脱口而出的这番说辞，很有些"甩锅"的味道，直指霍光这些人没有尽到"争臣"的责任。霍光当即打断刘贺的话，说："皇太后已下诏令废黜，你哪里还是天子？"霍光上前抓住刘贺的手，解下他身上的玺印绶带，捧上交给太后，扶着刘贺下了宫殿。群臣跟着后面送行。

刘贺见大势已去，只得向西面拜，并自我检讨说自己愚昧不明事理，不堪担当汉家的重任。这个时候的刘贺，心里应该充满了懊悔，因为此前已经有人对他奉诏进京发出过预警信号，这个人便是昌邑国中尉王吉。

王吉是刘贺身边的重要谋士，对刘贺喜好玩乐、不拘小节的性格太了解了。刘贺奉诏进京时，王吉特地上书给刘贺，非常明确地告诫他要注意处理好与霍光的关系。

《汉书·王吉传》记载："臣愿大王事之敬之，政事壹听之，大王垂拱南面而已。愿留意，常以为念。"王吉提醒刘贺，

第二十世祖 汉博议大夫子阳公像

王吉像

他只是霍光选择的傀儡而已，进京后只要事事顺着霍光，他就可以轻轻松松地做他的皇上了。王吉要刘贺经常想想自己给他谏言，可惜刘贺并没放在心上。

应该讲，王吉是个明白人，对刘贺进京一事看得很透彻，对刘贺的告诫也很有针对性。假如刘贺按照王吉的告诫去做，那可能就不会有后来的被废黜事件了。可是，刘贺压根没听进去，称帝后就忙着发号施令，并急不可待地开始调整宫廷禁卫兵马，诏命"王相安乐迁长乐卫尉"。这等于是把自己的亲信派到了最重要的位置上。

长乐卫尉掌管着太后寝宫长乐宫的戍卫，是控制上官太后的紧要职位。上官太后是霍光的外孙女，这是霍光手里一张随时可用的底牌，说是"王炸"都不为过。对于长乐卫尉这个关键岗位，霍光可是安排了自己的女婿来掌管的。

刘贺安排自己的亲信担任长乐宫卫尉，传递出的信号十分明显，他这是要动一动大将军的"奶酪"了。意识到了危险的霍光当然不可能坐以待毙，解决的办法只有一个，就是先下手为强。

刘贺从昌邑国带到京城的旧部有200余人。刘贺被废后，这批随刘贺进京的昌邑旧臣大多都被霍光诛杀。这批人临刑前呼号"当断不断,反受其乱",从中可以分析出,刘贺登基之后,随着新君与老臣之间矛盾的愈演愈烈,刘贺的昌邑臣子已经在谋划要采取行动清除霍光,以巩固新君地位了。

  让刘贺和他的昌邑臣子们不甘的是,在这场关乎最高权力的对决中,是霍光而不是刘贺笑到了最后。

海昏十谜

[七] 不杀之谜

中国古代被废黜的皇帝，大都难逃一死。但是，刘贺却是个例外。刘贺被废黜皇位后，不仅没被杀掉，而且还在庶民阶段活了十年之久。

为什么霍光对刘贺废而不杀？为什么宣帝亲政后也不杀刘贺？解开这个谜，要从霍光废刘贺这一惊天动地的历史大事件说起。

前一章已经说过，霍光之所以敢废刘贺，是因为效仿了商代丞相伊尹废太甲帝的典故。

"伊尹废太甲"实际上经历了三个阶段：第一个阶段，太甲帝无道，伊尹决定废黜太甲帝；第二个阶段，伊尹将太甲帝放逐到桐宫，让太甲帝给他葬在桐宫的父亲守灵并反思己过；第三个阶段，伊尹放逐太甲三年后，将改过自新的太甲帝迎回朝堂，重新归政于帝。

按照史料的记载，刘贺初登帝位时的胡作非为，与当年太甲在位时的所作所为有得一比。霍光废黜刘贺，是把伊尹作为了自己效仿的对象。但是，伊尹只是将太甲帝放逐，并没有杀太甲。假如当年伊尹杀了太甲，那么伊尹可能就成就不了千古名相的历史美名，而是要背负弑君的恶名了。

伊尹放逐太甲事件中，有一个细节需要特别注意，那就是伊尹将太甲帝放逐的地方，正是太甲帝父亲的下葬之地桐宫。伊尹放逐太甲帝，在历史上也被说成是伊尹让太甲帝去桐宫给他父亲守孝，闭门思过。

无独有偶，霍光废黜刘贺，对废帝刘贺的去向安排与当年伊

从金山寺远望前方的那个小山包，
就是第一代昌邑王刘髆墓的所在地——红土山

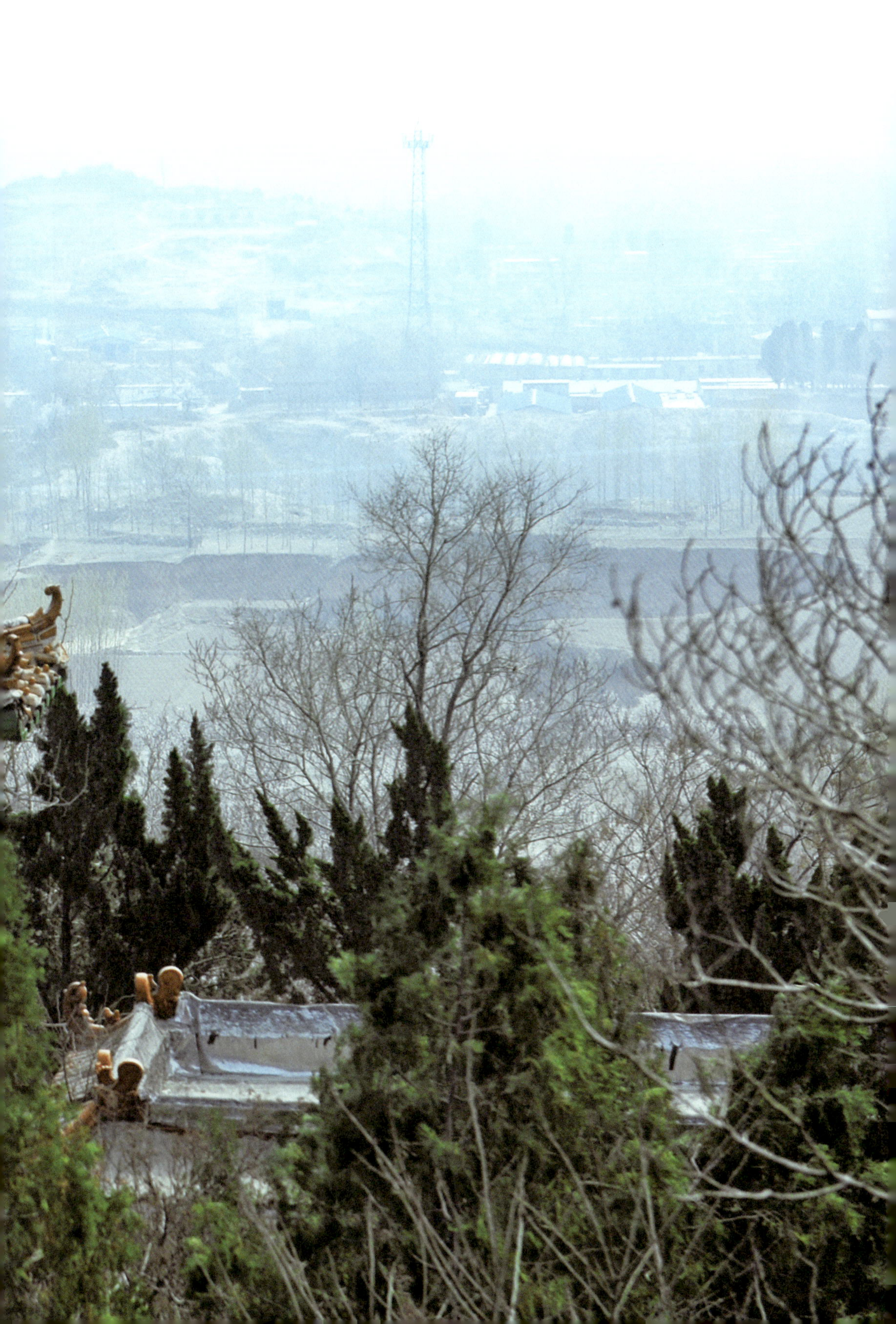

作者（前）在山东菏泽巨野县刘髆墓考察

尹对太甲帝的去向安排如出一辙。霍光也是把刘贺放逐到他父亲下葬的地方昌邑。当然，昌邑也是刘贺的故国所在地。

刘贺父亲刘髆就葬在昌邑王府对面的红土山上，在王府门口就能望见。我在创作"海昏侯三部曲"系列图书的过程中，曾专门去过刘贺的老家昌邑（今山东巨野）做田野调查，巨野的朋友带我去看了昌邑古城遗址和刘髆下葬之地红土山。从昌邑国都城的遗址来看，昌邑王府和刘髆下葬的红土山遥遥相对。

从霍光不杀刘贺并让刘贺回到昌邑这一点看，霍光效仿伊尹废太甲，可谓是一点都没有走样。当年伊尹废太甲时没有杀太甲，所以，霍光废刘贺时也不能杀刘贺；伊尹当年是将太甲放逐到他父亲下葬之地桐宫，霍光也将刘贺放逐到他父亲下葬之地昌邑。

《汉书·霍光传》还记载，霍光在废黜刘贺时吩咐手下人："谨宿卫，卒有物故自裁，令我负天下，有杀主名。"从这段记载来看，霍光不仅没有杀刘贺，而且还生怕刘贺出什么意外，导致他背负"杀主名"的罪名。霍光反复叮嘱要对刘贺盯紧看牢，让刘贺连自杀的机会都不能有。霍光如此小心谨慎地安排，不就是怕万一出什么意外，导致自己背上"杀主"的骂名吗？

从霍光效仿伊尹废太甲的行为来分析，霍光对刘贺可以废却不可以杀；不仅不可以杀，还必须确保刘贺绝对的人身安全。否则，一旦刘贺有个什么三长两短的，天下人都会怀疑是霍光所为。到了那时，他就是跳进黄河也洗不清了。也正因为此，在废黜刘贺后，霍光还亲自将刘贺押送到昌邑国在长安的府邸，做到了万无一失。

刘贺被废黜后，朝堂群臣曾建议将刘贺放逐到远方去。《汉书·霍光传》记载："群臣奏言：'古者废放之人屏于远方，不及以政，请徙王贺汉中房陵县。'"

汉中房陵县在今天的湖北房县，远离刘贺的老家昌邑。从群臣的奏言看，当时对废帝刘贺的去向安排，首选的地方不是让刘贺回故土昌邑，而是将他流放远方。

这个时候，上官太后发话了。《汉书·霍光传》记载："太后诏归贺昌邑，赐汤沐邑二千户。"由此看来，霍光废刘贺时，对刘贺回昌邑的去向安排已经有了考虑，并且事前就和上官太后达成了一致。史料记载，上官太后不仅让刘贺回昌邑老家，赐予

刘髆墓出土的螭虎纹玉剑首和玉珌

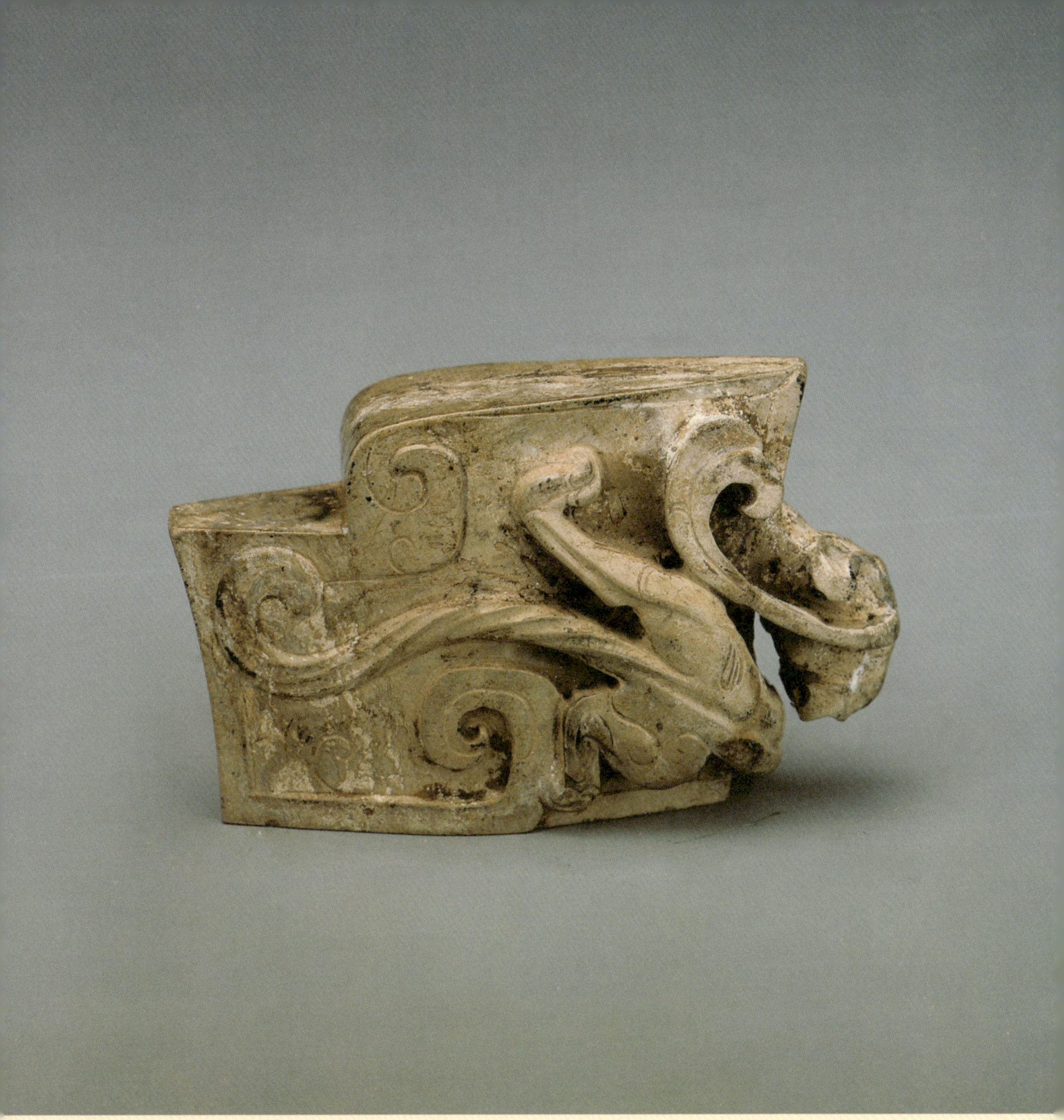

刘鬶墓出土的螭虎纹玉珌和玉璲

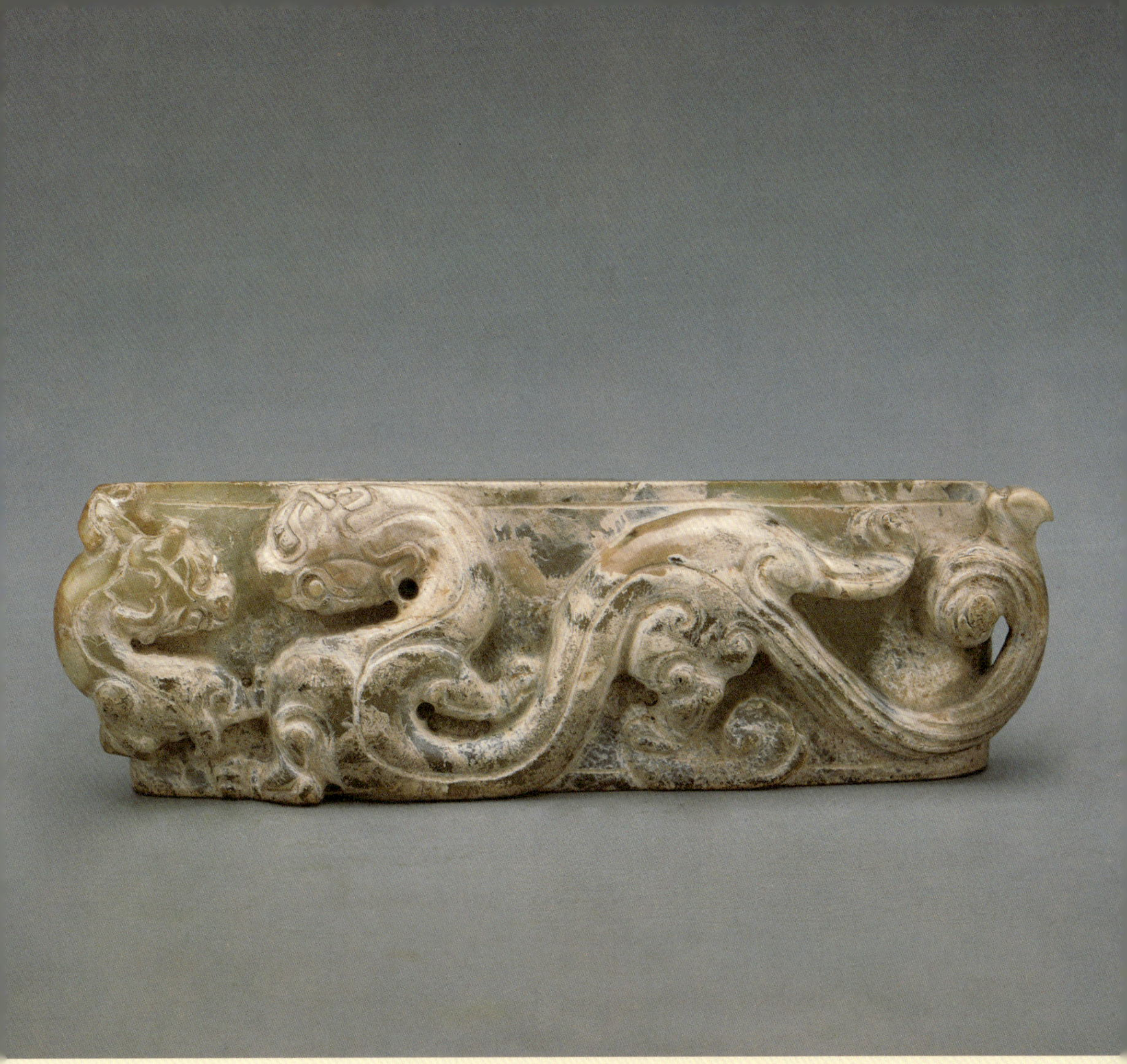

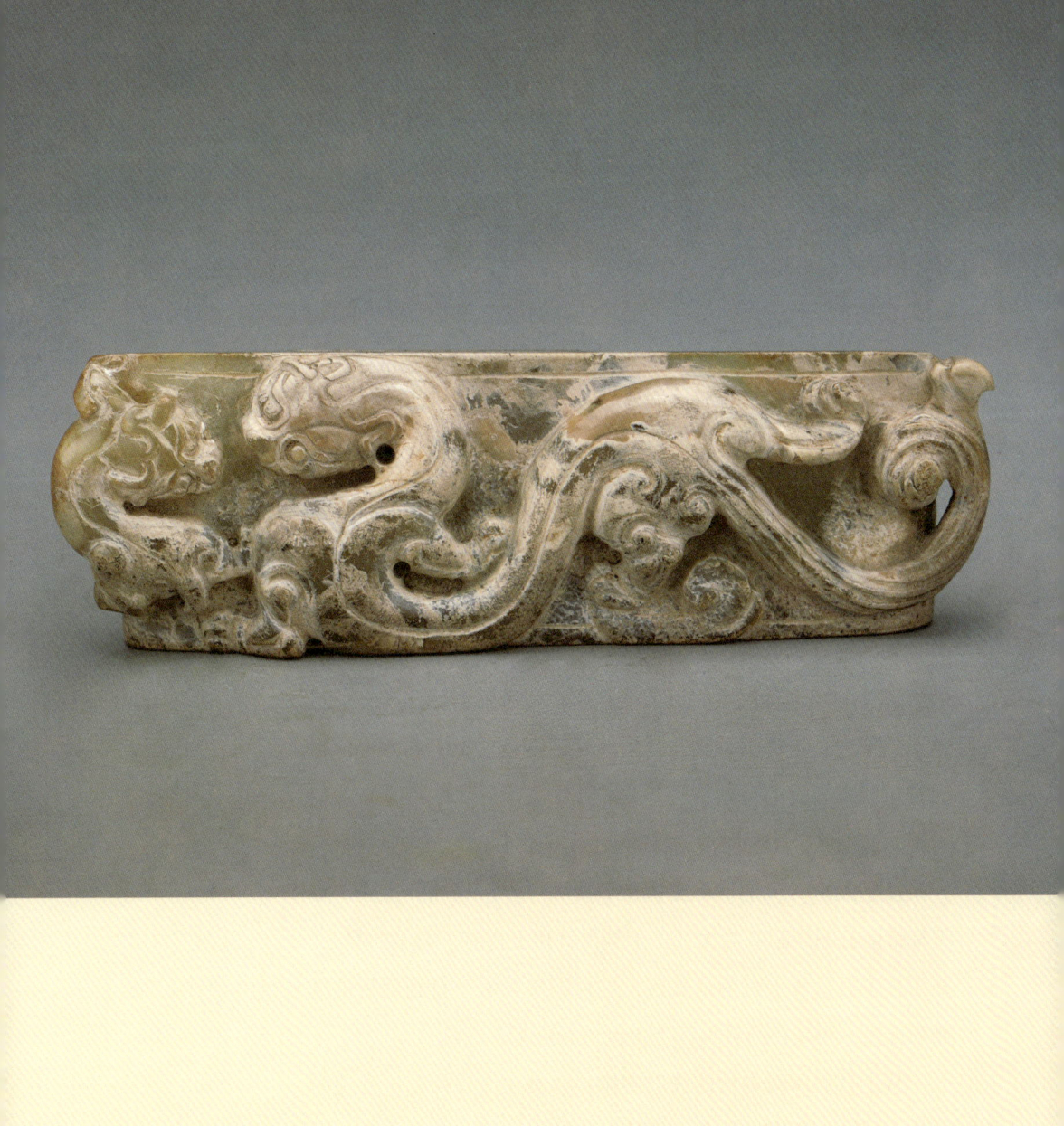

汤沐邑二千户，还允许刘贺继续居住在原来的昌邑王宫中，让他继承故王家财。

在刘贺跌宕起伏的生涯中，上官太后是个很重要也很特殊的人。

在整个汉代，太后都是个比较特殊的政治存在。有的时候，太后的诏书甚至比皇帝的诏书还要管用，尤其是当皇帝年幼或是朝堂无主的时候。西汉历史上的吕太后（高祖皇后）、薄太后（文帝母亲）、窦太后（文帝皇后）、王太后（元帝皇后）等，都在历史上留下了严重干预朝政的记载。但是，对上官太后的此类记录却较少，实属难得。

尽管朝堂"政事壹决于光"，但是，在决定皇位"立"与"废"的重大问题上，霍光也必须得借助上官太后的力量才能办到，因为这个时候只有太后的诏书才管用。昭帝驾崩后，霍光让昌邑王刘贺进京主持昭帝丧礼，用的是昭帝皇后上官的诏书。霍光决定废黜刘贺的时候，也是先"建白太后"，取得上官太后的诏令许可后，才废黜掉刘贺的皇位的。

从年龄上讲，刘贺比上官太后要大5岁；从名分上说，刘贺称帝前被嗣给昭帝为太子，于是也就和上官有了母子的名分。刘贺称帝后，尊上官为皇太后，这种嗣子关系一直到刘贺被废黜为庶民，再到在海昏侯任上去世，始终都在存续。

从上官太后对刘贺的去向安排，以及在海昏侯墓中发现的侯夫人写给上官太后的奏疏等情况来综合分析，上官太后对嗣子刘贺一直有关照。刘贺回昌邑的一切待遇，都是按照上官太后的诏令安排的。不经过她的许可，没有人敢动刘贺。这样也就能够解释，为什么刘贺庶民十年都能够比较平安地度过。

如果从历史深处去考量，霍光不杀刘贺，也不仅仅是效仿

伊尹祠

"伊尹废太甲"那么简单。实际上,霍光还有更深层次的政治考虑,他留着前皇帝刘贺有大用。霍光废黜刘贺之后,又将戾太子刘据之孙刘病已拥立为帝时,这个效用就凸显了出来。

刘病已是戾太子刘据之孙,也是戾太子在世的唯一后代,即后来的汉宣帝刘询。宣帝一生坎坷,襁褓之中就因"巫蛊之祸"被投入郡邸狱,靠喝女犯人的奶水才侥幸活命;5岁时因武帝驾崩前大赦天下才得以出狱,之后很长一段时间都生活在民间。

当霍光拥立刘病已为帝时,历史仿佛又来了个轮回,当年戾太子刘据没有得到的江山,却被他的孙子刘病已得到了。

刘病已比刘贺还要年轻一岁,在朝堂中没有任何势力,对于霍光而言,刘病已比刘贺更好控制。因为刘贺毕竟还是个在位多年的诸侯王,而刘病已从小在民间长大,除了是戾太子的唯一后人,什么像样的身份都没有。

汉宣帝杜陵

《汉书·宣帝纪》记载，刘病已"高材好学，然亦喜游侠，斗鸡走马"。从这个情况来看，霍光废黜刘贺之后选择拥立刘病已为帝，心里并不见得就很踏实。刘病已"斗鸡走马"的习性比刘贺好不了多少，他称帝后会不会像刘贺一样胡作非为呢？万一又是个无道的昏君，那又该怎么办？

从霍光废黜刘贺后让他回到昌邑故里的布局安排看，霍光已给后面将要接位的皇帝预留了后手。这个后手就是，万一后面的皇帝也不靠谱，霍光还可以再效仿伊尹一回。因为，在伊尹放逐太甲帝的完整故事中，太甲帝后来改过自新了，三年后又被伊尹迎回了朝堂。所以，假如刘贺之后的皇帝"不堪社稷"，霍光完全可以让刘贺"改过自新"再回到朝堂。这就是霍光留着刘贺这个前皇帝的大用处。

从刘病已称帝后对待霍光的态度来看，宣帝对于霍光预留的这个后手，是领悟透了的。

《汉书·霍光传》记载："宣帝始立，谒见高庙，大将军光从骖乘，上内严惮之，若有芒刺在背。""芒刺在背"这个著名成语，说的就是宣帝和霍光的故事。宣帝为什么会有"芒刺在背"的感受？又为什么对霍光"严惮之"？他到底在怕什么呢？宣帝怕的应该是重蹈前任的覆辙，毕竟前皇帝刘贺的殷鉴不远。

正因为领悟透了，所以宣帝即位后，一切都反刘贺之道而行之。他让霍光继续主持朝政，自己心甘情愿地当傀儡皇帝。正如《汉书·霍光传》所载："诸事皆先关白光，然后奏御天子。光每朝见，上虚己敛容，礼下之已甚。"当霍光试探性地表示要还政宣帝的时候，宣帝干脆在朝堂上当众宣布，事无大小，先报请霍光，然后再奏知他本人。一直到霍光死，宣帝都没有急着亲政，给了霍光极高的礼遇。

如果从人性的视角来看，霍光不杀刘贺，也反映出霍光这个权臣有作为人臣最真实、最本色的一面。

《汉书·霍光传》记载，霍光废黜刘贺将其押送到昌邑府邸时，说出了"臣宁负王，不敢负社稷"之类的话，说完后"涕泣而去"。"负"和"涕泣"所传递出的情状，将霍光的复杂心情表现得无以复加。按道理，霍光废帝后，将彻底奠定他在朝堂的绝对权威，他应该高兴才对。可是恰恰相反，霍光在和刘贺告别时却哭了个稀里哗啦。"涕泣而去"，将霍光内心愧疚不安的心绪表露无遗。

一个"宁负王"的"负"字，说明霍光内心对废黜刘贺在感情上是有亏欠的，他内心里承认对刘贺有愧。假如不是霍光将刘贺征召入朝，那么作为孝武皇后的亲孙子，刘贺还在昌邑王位上继续过着逍遥自在的日子，不至于被召进长安受这番折腾。现在，刘贺被废后不仅回不到王位上去，接下来的日子恐怕连自由都成了一种奢望。

从皇帝到庶民，相当于从天堂跌回人间。刘贺称帝前是昌邑王，被废黜后昌邑国除，改名山阳郡，刘贺成了山阳郡子民。因此，霍光觉得有"负"刘贺。正是因为有"负"，所以在安置刘贺的时候，霍光就做了一定的补偿，比如让他回昌邑后继续住在原来的昌邑王府，安排二千户汤沐邑，允许刘贺继承全部家财，等等。总之，对刘贺这个前皇帝优待有加。

同时，从霍光对武帝的感情和信仰来说，他也觉得有"负"，这个"负"也就是霍光所说的"不敢负社稷"的"负"。当年武帝托孤时把江山社稷都交给了霍光，是相信霍光会像周公辅成王一样尽到辅政之责。但是，霍光此番对刘贺的"立"与"废"，与武帝当年的属望可谓是相去甚远，对社稷带来的伤害可想而知。而且，刘贺是霍光"缘上雅意"所追封的孝武皇后的亲孙。也是昭帝的嗣子，霍光对刘贺都负有辅政之责。然而，刘贺却差点被逼上了绝路。这种内心的愧"负"，恐怕只有霍光自己才能体验得到。

霍光去世后，宣帝得以亲政，这个时候，距离刘贺被废黜为庶民已经有六年之久。

宣帝亲政后，为什么还继续留着前皇帝刘贺不杀呢？对于这一点，《汉书》中没有留下可供考证的史料。只是在《汉书·武五子传》中提到了宣帝"即位，心内忌贺"。再就是在元康二年（前64年），也就是刘贺被放逐的第十年，宣帝密令山阳郡太守张敞报告前皇帝刘贺的情况。张敞"条奏贺居处，著其废亡之效"，"上由此知贺不足忌"。

汉宣帝杜陵俯瞰图

从史料记载看，宣帝对刘贺这个前皇帝一直是不放心的。他对刘贺的态度经历了从"心内忌贺"到"知贺不足忌"的转变。从"心内忌贺"看，宣帝亲政后应该想方设法杀掉刘贺，以解除心头之患；而从"上由此知贺不足忌"看，宣帝之所以留着刘贺不杀，是因为刘贺已经对他的皇位构不成威胁。

宣帝之所以会"心内忌贺"，是因为他皇位来源的合法性一直受到质疑。

中国杜陵秦砖汉瓦博物馆中的汉代瓦当

众所周知，宣帝之所以能够登上皇位，得益于霍光发动的宫廷政变。虽然政变很成功，但是朝堂里也不是没有质疑的声音。史料记载，霍光在密谋废黜刘贺时，派大司农田延年通报给丞相杨敞。杨敞听后，"惊惧，不知所言，汗出洽背，徒唯唯而已"。杨敞的夫人急忙提醒："此国大事，今大将军议已定，使九卿来报君侯。君侯不疾应，与大将军同心，犹与无决，先事诛矣。"由此可以看出，丞相杨敞是受制于霍光的威望和权势，不得已才参与了废黜刘贺的行动。

在决定废黜刘贺的廷议中，霍光发问："昌邑王行昏乱，恐危社稷，如何？"群臣"皆惊愕失色，莫敢发言，但唯唯而已"。于是田延年"离席按剑"，以死相胁，说："今日之议，不得旋踵。群臣后应者，臣请剑斩之。"从这些记载可以看出，群臣参与废黜刘贺的行动，大多也都是被胁迫的。

在宣帝即位之初，就有侍御史严延年站出来劾奏霍光"擅废立，亡人臣礼，不道"。严延年的这种态度，应该代表了当时朝堂中相当一批大臣的想法，说明霍光擅废刘贺在时人眼中并不合法。这也就意味着宣帝的皇位来得不够光明。

前皇帝刘贺的存在，就像是宣帝心里的"一根刺"，他心里不忌惮才怪。但是，宣帝心里忌惮是一回事，他能不能杀刘贺又是另外一回事。霍光在位的时候，之所以对前皇帝刘贺优待有加，在一定程度上也是为了堵天下人的嘴。宣帝亲政后如果杀了刘贺，无异于引火烧身，会让霍光逝后好不容易稳定下来的敏感朝堂再次挑起纷争，并给自己在历史上留下容不得刘贺的"差评"。

宣帝不杀刘贺应该还与一个人有关，这个人就是上官太后。宣帝与刘贺的关系如果单纯从承嗣的角度来看，两人承嗣的都是昭帝，都尊上官为太后。所以，在上官太后面前，两人的关系又好像是同辈。但是，如果严格地从辈分上来分，刘贺是武帝的孙子，宣帝是武帝的曾孙，刘贺比宣帝大了一辈。宣帝如何对待叔父，天下人都看在眼里。

　　宣帝执政期间一直倡导孝道。所谓"孝"，就是长幼有序。刘贺被废黜后虽然只是个庶民身份，但是，皇叔的辈分摆在那里。如果宣帝杀了这个叔父，天下人将怎么看待宣帝所推行的"孝"？还有，上官太后一直都在位，她当年废黜刘贺时让他回昌邑的诏令，已经清楚地表明了她的态度。宣帝即使想杀刘贺，如果没有上官太后的首肯，恐怕也不能轻易迈出那一步。

　　只是，宣帝不杀刘贺，并不意味着宣帝就希望刘贺好好地活着。于是，这才有了后面刘贺庶民十年之后又千里封侯的故事。

海昏十谜

［八］庶民之谜

在刘贺的人生中，庶民生涯占了他短短人生的近三分之一。在庶民阶段，废居山阳的刘贺虽然生活无忧，却没有丝毫的自由。对于他这个前皇帝而言，简直度日如年。

庶民十年，刘贺是怎么熬过来的？解开这个谜，要从汉宣帝刘询给山阳太守张敞下的一道密诏说起。

宣帝下诏的过程和诏书的内容，记载在《汉书·武五子传》中："大将军光更尊立武帝曾孙，是为孝宣帝。即位，心内忌贺，元康二年遣使者赐山阳太守张敞玺书曰：'制诏山阳太守：其谨备盗贼，察往来过客。毋下所赐书！'"

从诏书专门要求"毋下所赐书"来看，宣帝的这道诏书属于密诏。所谓密诏，就是诏书的内容只许山阳太守张敞一个人看，不许他泄露。宣帝之所以用密诏这样罕见的方式，是因为这封诏书所针对的人物无比特殊，是前皇帝刘贺。刘贺被废黜皇位后，一直被幽禁在故昌邑王府。前皇帝的一举一动，时时刻刻都牵动着宣帝的心。

从密诏下发的时间元康二年来看，这一年是宣帝即位后的第十年，也是刘贺被废为庶民的第十个年头。

昭帝驾崩、刘贺被废、宣帝登基这三件西汉历史上的大事件，都发生在元平元年。元平是昭帝刘弗陵的年号。从登上帝位的第二年开始，宣帝刘询开始使用自己的年号。到这次给张敞下密诏，宣帝已先后使用了本始、地节、元康三个年号。

都说十年磨一剑，宣帝很想知道，这十年，刘贺是否在"磨剑"。

刘询像

　　宣帝为什么要惦记刘贺？因为对这个前皇帝，他从来就没有放下过心。从诏书所述宣帝"即位，心内忌贺"来看，宣帝对刘贺的忌惮从他即位之日起就已经开始，一直到霍光死后他亲政，对刘贺这个前皇帝，宣帝片刻也不曾忽视他的存在。

　　宣帝亲政之前，"政事壹决于光"。按照霍光废黜刘贺皇位时所效仿的"伊尹废太甲"典故，前皇帝刘贺一直是霍光手里一枚很重要的、制约皇帝的"棋子"。只要宣帝这个皇帝不听霍光的话，刘贺这枚"弃子"随时都会"复活"。刘贺一旦"复活"，就会像当年太甲帝重返朝堂一样取代宣帝的皇位，到那个时候，大汉的江山社稷恐怕跟他一文钱关系都没有了，他的下场可能还不如被废黜的刘贺。

对霍光废黜刘贺时所布下的这个局，宣帝常感如芒在背。霍光在世的时候，他事事听命于霍光，不敢越雷池半步。对前皇帝刘贺，他只能在心里惦记，不敢有丝毫的轻举妄动。

地节二年（前68年）春三月，霍光去世，宣帝终于在登基六年后亲政。宣帝亲政之后，又用了两三年的时间肃清霍光盘踞在朝堂的势力，渐渐将朝堂权力收归己有，成为大汉朝真正意义上的天子。霍光当年留下的刘贺这枚"棋子"，到了此时，已经失去了当初的价值。但是，刘贺毕竟有个前皇帝的身份在，只要他一日不死，就始终是个隐患。地方官员报告说，山阳那一带的老百姓还都以"故王"称呼刘贺，可见昌邑王家族的影响力不容小觑！

宣帝给山阳太守张敞的这道密诏，就是在宣帝亲政后皇位已稳固、刘贺被废黜幽禁十年这个时间节点上发下去的。

在刘贺的人生中，特别是被幽禁的岁月里，山阳太守张敞是个十分重要的人物。张敞是西汉历史上一个很著名的人物，和废帝刘贺、大将军霍光、宣帝刘询都有交集。

刘贺称帝时，张敞的职务是太仆丞。太仆是为天子执御的官员，官职为九卿之一，负责掌管皇帝车驾安全。太仆丞就是太仆的助手了，跟随太仆护卫皇帝车驾安全。刘贺即位后不久，对霍光等拥立有功的老臣没有丝毫奖赏，却急着提拔了自己的昌邑旧部。作为太仆丞的张敞对此很不以为然，于是就上书劝谏新帝刘贺。张敞劝谏刘贺的奏章内容在《汉书·张敞传》中有详细记载："孝昭皇帝蚤崩无嗣，大臣忧惧，选贤圣承宗庙，东迎之日，唯恐属车之行迟。今天子以盛年初即位，天下莫不拭目倾耳，观化听风。国辅大臣未褒，而昌邑小辇先迁，此过

谢之光《京兆画眉》

之大者也。""国辅大臣未褒,而昌邑小辇先迁",以太仆丞的卑微身份,张敞竟然敢如此严厉地批评劝谏新帝刘贺,其身上所体现出来的胆识和勇气无与伦比。

刘贺被废黜后,张敞因为敢于劝谏刘贺而扬名,被提拔为豫州刺史。后又因为屡次向朝廷上书进谏,被宣帝征召为太中大夫,与于定国同列处理尚书事。张敞在太中大夫职位上,又因为刚正不阿得罪了大将军霍光,遭到霍光打压,被调出京去任函谷关都尉,远离了朝堂。刘贺被废黜回昌邑老家后,昌邑国被除,改回了原来的名字山阳郡。宣帝亲政后,因为内心忌惮刘贺,将张敞调任为山阳太守,并在刘贺被废黜的第十年,专门给张敞下了这道密诏。

在中国古代历史上,张敞也是个很有意思的人,有个成语叫"张敞画眉",说的是张敞任京兆尹的时候,因为喜欢替妻子画眉毛,而被一些政敌和假道学的人告到了宣帝那里。

《汉书·张敞传》曾有记载:"敞为京兆,朝廷每有大议,引古今,处便宜,公卿皆服,天子数从之。然敞无威仪……又为妇画眉,长安中传张京兆眉怃。有司以奏敞。上问之,对曰:'臣闻闺房之内,夫妇之私,有过于画眉者。'上爱其能,弗备责也。"

从"朝廷每有大议，引古今，处便宜，公卿皆服，天子数从之"和"上爱其能，弗备责也"来看，张敞的能力很强，得到了朝堂上下的一致认可。从"敞无威仪"和他回答宣帝的话"臣闻闺房之内，夫妇之私，有过于画眉者"来看，张敞并非是一个讲究官威、行为刻板之人，相反，倒是比较幽默诙谐，做人做事有很性情的一面。用今天的话来说，张敞是个情商很高的人。

宣帝把张敞这样一个既有能力又有生活情趣，而且还劝谏过刘贺的高情商之人派去山阳当太守，从这个安排来看，亲政之后的宣帝，在如何对待和处置前皇帝刘贺的问题上，堪称煞费苦心。

宣帝亲政后，他既要及时掌握刘贺各方面的情况，又不希望派去监视刘贺的官员随意揣度圣意做出对刘贺不利的举动。宣帝派张敞去监视刘贺，就可以规避这个风险。因为张敞这个人既讲原则又讲感情。从张敞的原则性来讲，他一定会将刘贺的情况了解得清清楚楚，奏报上来的情况不会有假；而从讲感情来说，张敞曾任过刘贺的太仆丞并劝谏过他，因此刘贺也是他的故主。张敞是个重情之人，他不至于故意去逼迫刘贺以致发生变故。

宣帝之所以派张敞去山阳并给他下密诏，就是因为以他对张敞的了解，只有张敞才能领悟透密诏"其谨备盗贼，察往来过客"的深意。说白了，宣帝要求张敞不仅要监视刘贺的一举一动，而且还必须要确保刘贺的绝对安全。在宣帝看来，他亲政前如果刘贺有什么变故，天下人都会把账算到大将军霍光的头上；而宣帝亲政后，刘贺一旦因地方官员逼迫而生变故，也必将陷他于不义。这个结果显然不是宣帝愿意看到的。

从张敞接到密诏之后的种种表现来看，宣帝果然没有看错人。张敞很准确地领悟到了宣帝的心思，不久就将自己上任山阳太守以来所了解到的刘贺所有的情况，条分缕析地奏报上来。宣帝从张敞的奏章中看到了一个对皇位已经构不成任何威胁的刘贺,从而让他放下了"忌贺"之心。

《汉书·武五子传》载:"敞于是条奏贺居处,著其废亡之效。"张敞给宣帝的这封密奏,是关于刘贺庶民生涯唯一的一份文献记载,是今天我们了解刘贺这个在中国历史上昙花一现的人物的最本色的记载,很值得研读。

臣敞地节三年五月视事,故昌邑王居故宫,奴婢在中者百八十三人,闭大门,开小门,廉吏一人为领钱物市买,朝内食物,它不得出入。督盗一人别主徼循,察往来者。以王家钱取卒,迣宫清中备盗贼。臣敞数遣丞吏行察。四年九月中,臣敞入视居处状,故王年二十六七,为人青黑色,小目,鼻末锐卑,少须眉,身体长大,疾痿,行步不便。衣短衣大绔,冠惠文冠,佩玉环,簪笔持牍趋谒。臣敞与坐语中庭,阅妻子奴婢。臣敞欲动观其意,即以恶鸟感之,曰:"昌邑多枭。"故王应曰:"然。前贺西至长安,殊无枭。复来,东至济阳,乃复闻枭声。"臣敞阅至子女持辔,故王跪曰:"持辔母,严长孙女也。"臣敞故知执金吾严延年字长孙,女罗䌷,前为故王妻。察故王衣服言语跪起,清狂不惠。妻十六人,子二十二人,其十一人男,十一人女。昧死奏名籍及奴婢财物簿。臣敞前书言:"昌邑哀王歌舞者张修等十人,无子,又非姬,但良人,无官名,王薨当罢归。太傅豹等擅留,以为哀王园中人,所不当得为,请罢归。"故王闻之曰:"中人守园,疾者当勿治,相杀伤者当勿法,欲令亟死,太守奈何而欲罢之?"其天资喜由乱亡,终不见仁义如此。后丞相御史以臣敞书闻,奏可。皆以遣。

张敞的这封密奏，文字虽然不多，但是提供的信息十分丰富，对于了解刘贺被废黜后的日常起居生活等情况，具有十分重要的参考价值。

从"臣敞地节三年五月视事"来看，张敞任山阳太守是在地节三年五月，这是宣帝即位后的第七年。而就在头一年的地节二年，辅政长达19年的大司马大将军霍光去世了。霍光死后，宣帝亲政。这也就是说，霍光死后才一年，宣帝在忙着清理盘踞朝堂的霍系人马的过程中，就将张敞调到了山阳任太守。宣帝的这个安排，很明显是冲着前皇帝刘贺去的，宣帝之"心内忌贺"由此也可见一斑。

到宣帝密诏下发的元康二年，张敞已经在山阳太守任上三年之久。宣帝在这个时候给他下密诏，在张敞看来无非是在提醒他，要他详细汇报刘贺在山阳的情况。

从"臣敞数遣丞吏行察"来看，张敞就任山阳太守后，已经多次派人去刘贺府上察看，对刘贺的情况很了解。他告诉宣帝，刘贺一直居住在故昌邑王宫中，府上有奴婢183人，平常大门紧闭，只开一扇小门。府里经常会差遣一位"廉吏"通过这个小门外出采买食物，每天早上送一趟食物进去，此外，就几乎没有人进出了。另外还有一位"督盗"，负责察视往来人员，看是否有异常。刘贺还花钱雇用了士卒，巡察王宫周围，防备盗贼出入等。

从上述情况分析，在故昌邑王宫中，刘贺阖府上下都不能随便出入，基本上没有什么行动自由。刘贺的这种情况，实际上就是处于被幽禁的状态。用今天的法律术语来说，就是朝廷对刘贺采取了"监视居住"的措施。

从"四年九月中，臣敞入视居处状"来看，张敞在就任山阳太守的第二年九月，曾亲自去刘贺的故昌邑王府上察看了一番。张敞的这次察看应该是一次没打招呼的突击上门检查。这次检查，张敞看到了一个日常生活中真实的刘贺形象："故王年二十六七，为人青黑色，小目，鼻末锐卑，少须眉，身体长大，疾痿，行步不便。衣短衣大绔，冠惠文冠，佩玉环，簪笔持牍趋谒。"

从刘贺"簪笔持牍趋谒"的情状看，刘贺对太守的到来似乎没有准备，张敞上门的时候，刘贺应该是在看书或者是在竹牍上写字。听说太守到了，刘贺急急慌慌地跑过来谒见，因为腿脚有"疾痿"而行走不便。"簪笔持牍"应该是刘贺被幽禁时期的生活常态。结合刘贺墓中出土的《论语》《易经》《礼记》《孝经》等儒家典籍来分析，刘贺在庶民阶段没少读书和写字。刘贺在称帝之前好游猎为乐，不喜读书；没想到在庶民岁月，读书会成为他的生活常态。

张敞奏章上说刘贺只有二十六七岁的年龄，却"青黑色""少须眉""行步不便"，这说明刘贺的身体状况不好，已表现出"疾痿"的病态。

张敞这次上门察看，还以昌邑王宫中的猫头鹰为话题来试探刘贺的反应，却发现刘贺对猫头鹰这个话题一点都不敏感，整个状态都是痴痴傻傻的。张敞的奏书说刘贺"清狂不惠"，也就是说刘贺的精神已经不太正常，心智也不怎么聪慧。

海昏侯墓文物竹简

面对痴痴傻傻的刘贺，张敞心中想必也是感慨万千。当年自己劝谏过的天子，竟然落到这般地步，他不免暗自唏嘘。张敞将自己所看到的情况如实向宣帝奏报，"上由此知贺不足忌"。所谓"不足忌"，也就是说宣帝暂时放下了这块心病。

从奏章中的"敞前书言"来看，张敞向宣帝汇报刘贺的情况不是第一次。奏章中说到此前汇报过一次关于昌邑哀王歌舞伎女张修等十人的情况。说张修等人是良家女，不是王的姬妾，也没有入官籍，鉴于昌邑哀王已故，应当将她们放回本家。张敞上一次的奏报得到了宣帝的批准。

上述这一切都说明，张敞就任山阳太守以来，对刘贺一直盯得很紧，看得很牢。刘贺的一举一动尽在张敞的视线里，当然也就都在宣帝的掌握中。

从宣帝的内心深处讲，他并不希望庙堂之外还有个前皇帝刘贺的存在。因为只要刘贺还在世，世人就不会停止对当年刘贺丢掉皇位一事的议论。宣帝的皇位毕竟是来自霍光发动的宫廷政变，这件事一直有人议论，这让宣帝心里很不爽。按说，从皇帝到庶民，一般的人早就经不起折腾而一命呜呼了，没想到刘贺这个前皇帝被废黜之后，不仅挺了过来，而且还活了这么久。皇位被废黜能挺过来就不简单，能坚持活下去就更不简单。虽然宣帝从张敞的奏报中已知刘贺"不足忌"，但他还是难以彻底放心！

看着张敞的奏报，深居在长安城未央宫的宣帝长舒了一口气。他将深邃的目光久久地投向了山阳郡的方向，仿佛看到了那个前皇帝在昌邑王宫中虽然痴痴傻傻，却又自自在在，正"簪笔持牍"的刘贺忽然放下了手中的竹牍，转过头来，仿佛知道有人正在偷窥他一样，冲着宣帝的方向，傻傻地痴笑……

看来，是时候让刘贺离开他的昌邑故土了。

海昏十谜

[九] 封侯之谜

从庶民到列侯，在刘贺的传奇人生中属于逆袭。这次逆袭，也使他成为中国历史上唯一的一个集王、帝、民、侯于一身的千古传奇。

宣帝为什么要给已当庶民十年的刘贺封侯？解开这个谜，要从元康三年（前63年）汉宣帝刘询给刘贺下的一封诏书说起。

《汉书·武五子传》记载，元康三年宣帝给已是庶民身份的前皇帝、故昌邑王刘贺下诏："盖闻象有罪，舜封之，骨肉之亲，析而不殊。其封故昌邑王贺为海昏侯。"

这封诏书下发的背景是，霍光死后，宣帝亲政。宣帝通过一系列措施，清除了霍家盘踞在朝堂的势力，把要害岗位全部都换上了自己人，逐渐将朝堂权力完全收归己有，皇权日益稳固。诏书下发的前一年，宣帝给山阳太守张敞下了封密诏，令其报告前皇帝刘贺在故昌邑王府的所有情况。从张敞的奏报里，宣帝获知废居山阳的刘贺已不足为虑，稍微解除了一些对刘贺的忌惮之心。

宣帝在给刘贺的这封诏书里，引用了中国上古时期舜帝与他的弟弟象之间的故事。舜的父亲瞽叟是个盲人，舜的生母很早就去世了。瞽叟续娶，继母生了个弟弟叫象。据《史记·五帝本纪》记载，舜生活的环境是"父顽、母嚣、象傲"。舜的父亲心术不正，继母两面三刀，弟弟桀骜不驯，几个人串通一气，必欲置舜于死地而后快。然而，舜对父母却一直十分孝顺，对弟弟始终十分友善。尽管象曾每天都想方设法要杀掉舜，但是舜做了天子后却封象为侯。

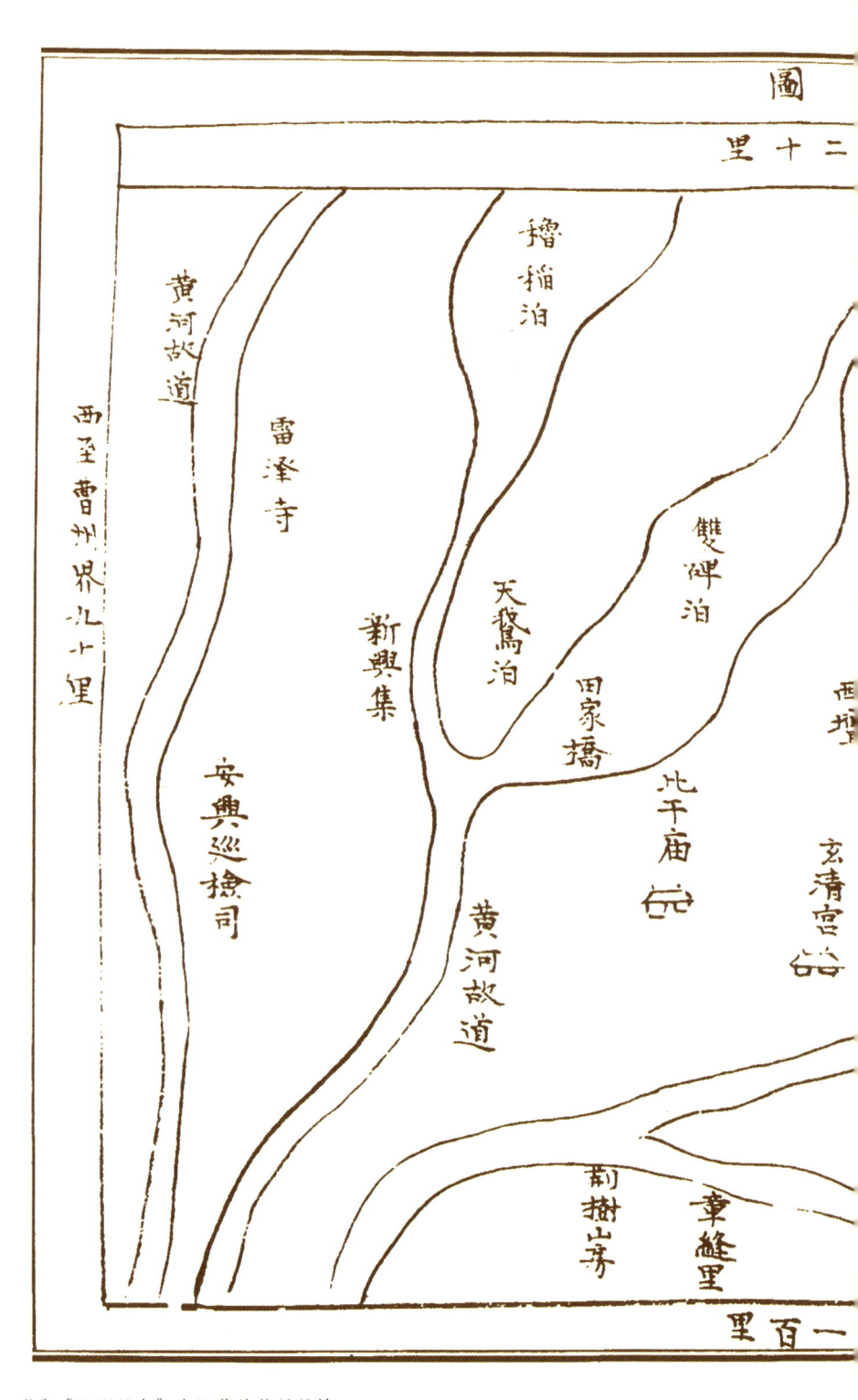

明代《巨野县志》上记载的故昌邑城

辛酉冬邑諸生日惟瓊繪圖

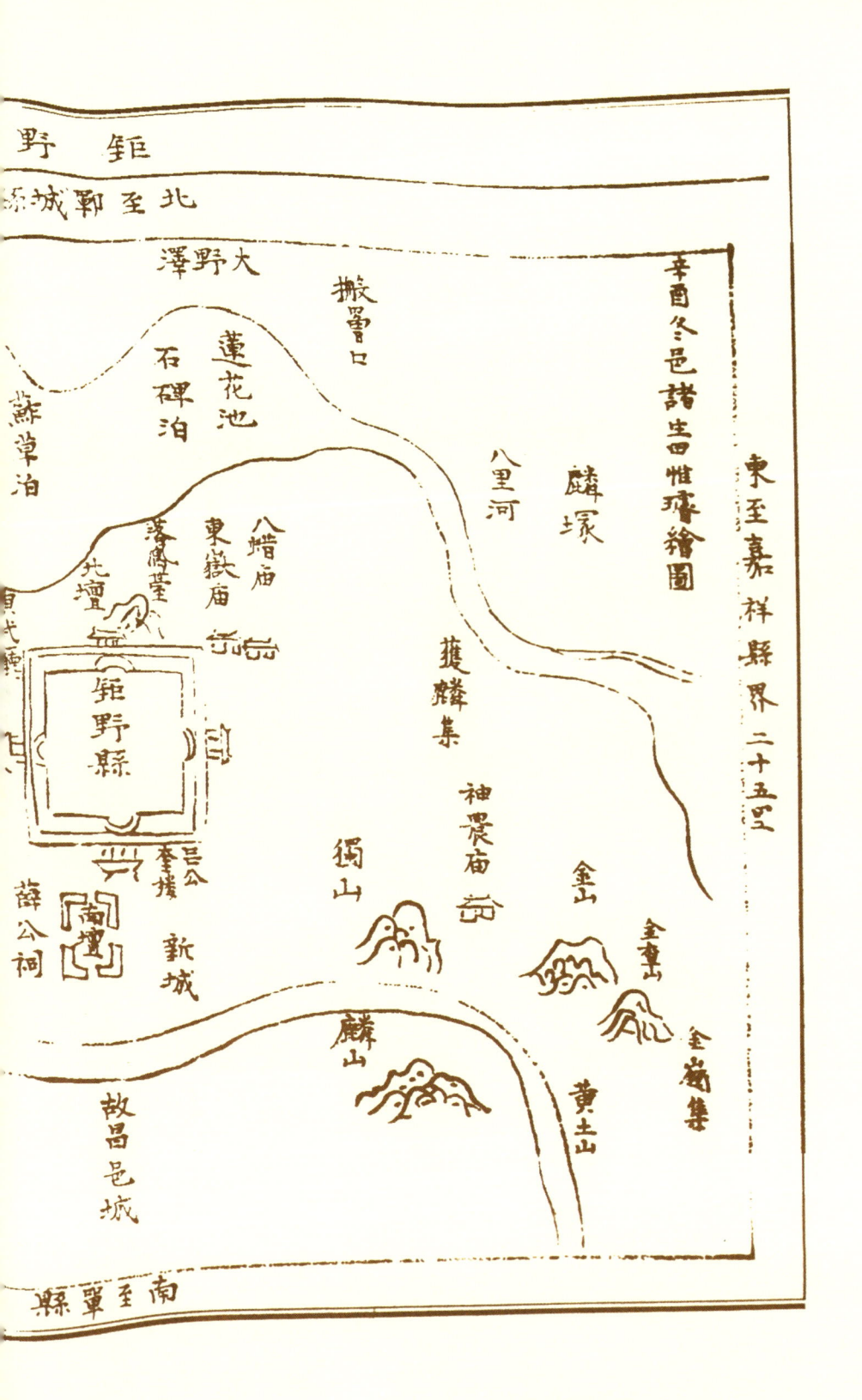

東至嘉祥縣界二十五里

野鉅

北至鄆城縣

大野澤
蓮花池
石碑泊
蘇草泊
搬罾口
八里河
麟塚
獲麟集
神農廟
獨山
八蜡廟
東嶽廟
落鳳臺
先壇
鉅野縣
呂公橋
南壇
新城
薛公祠
故昌邑城
麟山
金山
金童山
金嶺集
黃土山

南至單縣界

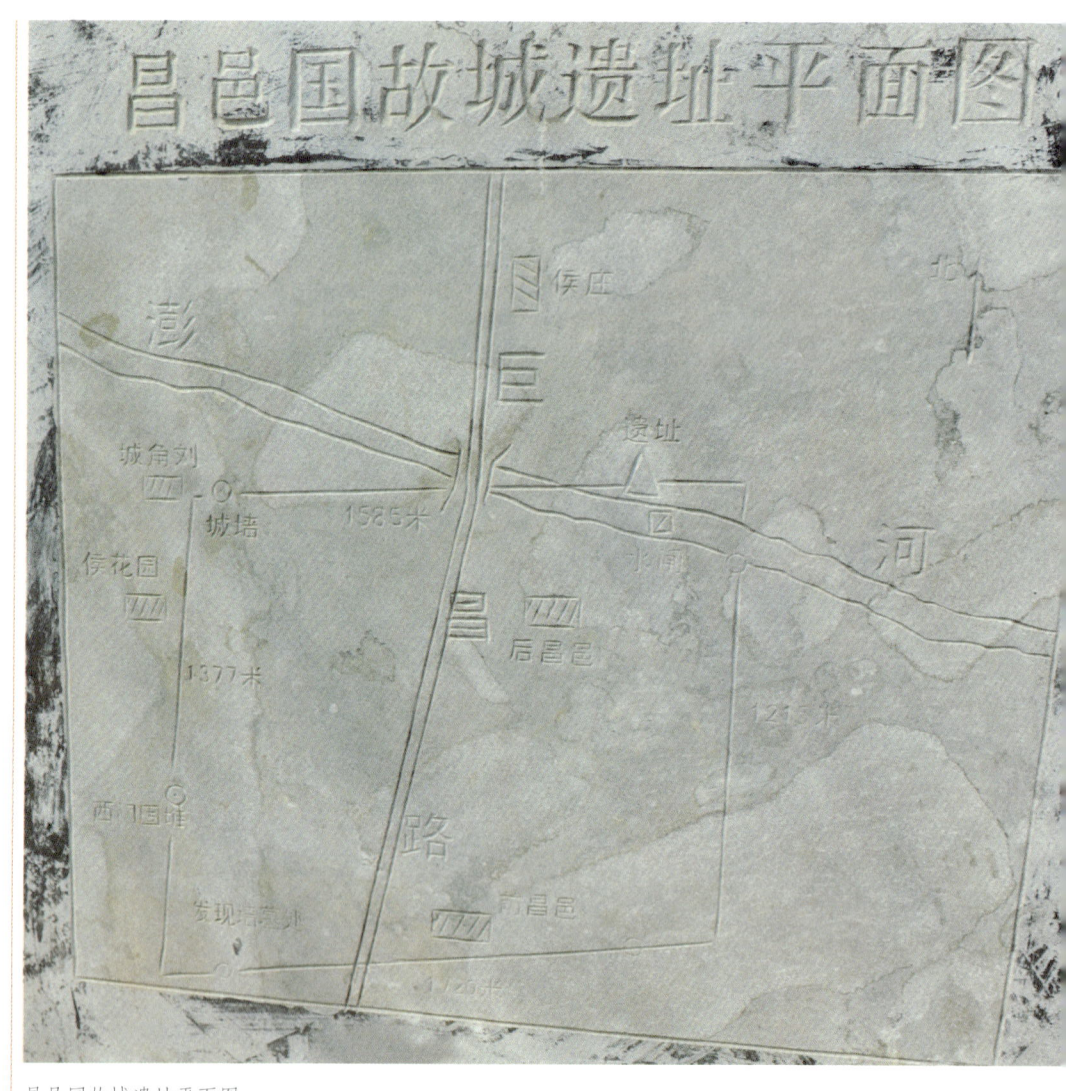

昌邑国故城遗址平面图

宣帝搬出舜封象为侯的故事，是在给自己准备封刘贺为侯作铺垫，同时，宣帝也未尝不是以舜帝来自比。从诏书中"骨肉之亲，析而不殊"来看，宣帝认为自己与刘贺是存在"骨肉之亲"的，就像上古时期舜与象是同父异母的兄弟一样。

宣帝与刘贺在称帝前都嗣给了孝昭皇帝，且都尊孝昭皇帝的皇后上官为皇太后。于上官皇太后而言，作为前后任皇帝的废帝刘贺与宣帝刘询，两人在辈分上是叔侄，但是在承嗣关系上又像是兄弟。刘贺危社稷，乱汉制，其嚚顽程度就像当年舜帝的兄弟象一样。既然舜可以既往不咎给象封侯，宣帝当然也就可以不计前嫌给刘贺封侯，这样才能体现"骨肉之亲，析而不殊"。

为什么宣帝非要给刘贺封侯呢？不封不行吗？深入地分析一下宣帝内心深处的想法，就会知道他为什么要这么做了。

从宣帝内心来讲，给刘贺封侯不是目的，让刘贺离开故土昌邑才是目的。为什么这么说呢？因为刘贺从皇帝被废为庶民后，竟然能在故土昌邑熬过十年，这完全出乎宣帝及朝堂所有人的意料。作为一个曾经的天子，从皇帝到庶民的剧烈打击，不是一般人经受得了的。而刘贺不仅扛住了打击，还不声不响地过了十年。这让宣帝心里很不安。

从山阳太守张敞奏报刘贺在故昌邑王府生活的状态看，刘贺这个前皇帝在昌邑故土，除了政治上没有自由外，生活上倒是无忧无虑。若就让他这么生活下去，不知道还要活多久。据说昌邑那边的人都称呼刘贺为"故王"，因此可见刘贺根基不浅。万一哪天刘贺振臂一呼让他还江山社稷，还不知道会有多少旧部响应呢。宣帝暗想，看来只有让刘贺远离故土，才能从根子上解除心头之患。

刘贺当年在山东昌邑国封地劈山修筑的墓道

都说故土难离，对于刘贺这个被废黜后放逐到故国的前皇帝而言，更是如此。刘贺被废黜后能够在故土昌邑忍辱含垢地活下去，光这份勇气和韧劲就非比寻常。这同时也说明，昌邑故土确实很适合刘贺生活，昌邑故国的人民也没有为难这位"故王"。

当年让刘贺回昌邑，是皇太后下的诏令。如果现在无缘无故地让刘贺离开故土，对皇太后那边该怎么去说？朝堂内外会怎么议论？天下百姓又会怎么想？

怎么做才能让前皇帝刘贺心甘情愿地离开昌邑故土却又不至于引起各方面的议论呢？接下来宣帝的一番操作，充分展现了这个当朝皇帝非同一般的手段和眼光。

如果只是把刘贺迁徙到远方继续为庶民，宣帝只要随便找个理由下道诏令就能做到。但是，一旦真的那么做了，可能天下人都会认为，是宣帝容不下刘贺，所以才逼迫他远徙。这样做肯定会对宣帝的声誉有影响，不是他所希望的。

如果给刘贺找个远离故土的地方封侯呢？那情况就完全不一样了。从庶民到侯，于刘贺而言是重新开启了新生，进入身份显贵的王侯行列；而在天下人的眼里，却是当朝皇帝宅心仁厚，对刘贺这样一个嚚顽放废之人都能够宽容相待，就好像上古时期的明君舜帝一样。而一旦刘贺被封为列侯，那么刘贺就将不得不按照宣帝的诏令到封地去就国。刘贺如果不去就是抗旨，宣帝就可以光明正大地惩罚他，即使杀了他也不会有人同情；而刘贺如果去了封地就国，也就达到了让刘贺远离故土的目的。

宣帝的这一招有不战而屈人之兵的功效，真是一步妙棋。否则，单纯就封侯而言，让刘贺在故土昌邑封侯岂不更省事？

果然，宣帝给刘贺封侯的诏令很快就赢得了满堂彩。《汉书·武五子传》记载，宣帝颁布给刘贺封侯的诏令后，侍中卫尉金安上马上上书："贺天之所弃，陛下至仁，复封为列侯。贺嚚顽放废之人，不宜得奉宗庙朝聘之礼。""至仁"二字，代表了朝堂上下对宣帝给刘贺封侯之举的评价。给刘贺封侯，为宣帝赢得了好评。

宣帝给刘贺封侯事件发生在元康三年。"元康"是宣帝使用的第三个年号，此前用的年号是"地节"。

考察宣帝时期的政治就会发现，地节年间是宣帝从做傀儡皇帝到走向亲政，进而稳握朝堂的重大转折点。地节年间发生的几件大事，对朝堂政局有重大影响。

据《汉书·霍光传》记载，地节二年三月，大司马大将军霍光离世。之后两三年，霍氏家族遭到了清洗。宣帝将朝廷关键岗位逐步换上了自己人，得以独掌权力。地节三年四月，宣帝立 8 岁的儿子刘奭为太子；地节四年七月，霍光之子霍禹犯谋反罪被腰斩；地节四年八月，霍光的女儿霍成君被废黜皇后之位。至此，霍光家族遭到毁灭性打击，霍氏集团政治势力被彻底铲除。

宣帝立太子和霍氏集团被剿灭这两件历史大事件，都发生在地节年间。在这两个事件的中间，其实还有一件当时不太被人关注的事情，那就是张敞受命任山阳太守之事。元康二年，张敞在向宣帝奏报刘贺的情况时，说到了他到任山阳太守的时间："臣敞地节三年五月视事。"

地节三年五月，也就是宣帝立刘奭为太子的第二个月。这也就是说，宣帝刚宣布立 8 岁的儿子刘奭为太子，没过一个月就把张敞派去山阳任太守了。这说明，立了太子的宣帝，一边在想办法清理霍光死后霍家仍然盘踞在朝堂的强大势力，另一边已经在积极布局防范可能对皇权构成威胁的潜在政治敌手了。

张敞去山阳，很显然是带着使命去的。这个使命就是宣帝让他要严密监视刘贺。元康二年宣帝给张敞下的密诏中，叮嘱他"其谨备盗贼，察往来过客"。宣帝的这份密诏，张敞一看就懂。他任职山阳太守已三年，宣帝这是要他汇报刘贺废居山阳的情况。

宣帝给张敞下密诏的时候，已亲政四年，皇权已稳固。在这种状况下，宣帝终于可以腾出手来，去关注那些潜在的政治敌手了。废居山阳的前皇帝刘贺，无疑是让宣帝最为忌惮的人物之一。宣帝忌惮刘贺的情况，在第七章"不杀之谜"中已经有过分析，这里不再赘述。

从张敞的奏报中，宣帝已知废居山阳的刘贺不足为忌，但是为了解除心头之患，他还是决定给刘贺封侯，让他远离故土。于是，宣帝在元康三年下诏封刘贺为海昏侯。

纵观宣帝执政的历史，除了前皇帝刘贺之外，还有一个人也让宣帝十分忌惮。这个人便是曾两次与皇位擦肩而过的广陵王刘胥。从某种意义上讲，广陵王刘胥比前皇帝刘贺更难对付，因为从辈分上讲，刘胥是宣帝的叔祖，而刘贺是宣帝的叔父。从宣帝对待广陵王的态度上，也多少能看出他给刘贺封侯的政治考量。

据《汉书·宣帝纪》记载，宣帝在地节三年四月立刘奭为皇太子，大赦天下。"赐广陵王黄金千斤，诸侯王十五人黄金各百斤，列侯在国者八十七人黄金各二十斤。"

从宣帝这次对诸侯王和列侯的赏赐来看，他对皇叔祖广陵王刘胥的赏赐尤重：其他的诸侯王赏赐"黄金各百斤"，而广陵王刘胥却独获赏赐"黄金千斤"。广陵王在宣帝的此次班赐中可谓是一枝独秀，按说他应该感恩才对，但从《汉书·武五子传》的记载看，广陵王刘胥对此好像并不领情："胥又闻汉立太子，谓姬南等曰：'我终不得立矣。'"

广陵王发出"我终不得立"的感叹，耐人寻味，也应该会让宣帝很紧张。因为广陵王刘胥对皇位的觊觎之心，天下皆知。当年霍光无论是前头立刘贺，还是后来立刘询，广陵王刘胥都是皇位的有力竞争者，只是因为霍光力排众议，才导致刘胥两次都与皇位失之交臂。

宣帝即位后，尤其是有了儿子刘奭后，从理论上讲，广陵王彻底失去了承接大位的可能。但是，从刘胥"我终不得立"的感叹来看，广陵王似乎始终对皇位还抱有那么一丝希望。对于这样一个始终对皇位如此执着的广陵王，宣帝能不忌惮吗？

广陵王为什么会在昭帝即位后仍奢想有朝一日能够登上大位？深究起来只有一种可能，那就是广陵王刘胥可能知道宣帝的身体状况不太好。在未正式确立太子之前，一旦宣帝有所不虞，广陵王以其"壮大"，又没有了霍光从中作梗，不排除他仍有问鼎至尊之位的机会。而从宣帝明确立刘奭为太子之日起，社稷的承嗣就有了法定的安排，广陵王刘胥纵使再不甘心，也知道自己已再无登上皇位的可能。所以，刘胥才会发出"我终不得立"的感叹。

为什么说广陵王刘胥可能知道宣帝的身体状况不佳呢？结合宣帝的成长经历来看，就能瞧出端倪。

宣帝出生数月就遭逢"巫蛊之祸"，祖父戾太子惨遭横祸，宣帝的父母及家人也一并遇害。宣帝在襁褓之中就被投入郡邸狱。失去了母亲的养育呵护，他幼小而脆弱的生命岌岌可危。如果当时不是对戾太子有感恩之心的郡邸狱廷尉监丙吉的百般呵护，宣帝恐怕早就命丧监狱了。

《汉书·宣帝纪》中记载，廷尉监丙吉"怜曾孙之亡辜，使女徒复作淮阳赵徵卿、渭城胡组更乳养，私给衣食，视遇甚有恩"。由此看来，廷尉监丙吉特地安排了两个女犯人轮流乳养宣帝。也是宣帝命不该绝，丙吉在郡邸狱中刚好找到了两个有奶水的女犯

丙吉像

人,才让他得以续命。但狱中恶劣的条件,还是导致了幼小的宣帝疾病缠身。在狱中,宣帝好几次都因病而险些丧命。

《汉书·丙吉传》记载:"曾孙病,几不全者数焉,吉数敕保养乳母加致医药,视遇甚有恩惠,以私财物给其衣食。""几不全者数焉",说明宣帝在狱中的身体状况已经到了非常糟糕的地步,几次险些难以保全。好在这种不堪回首的日子因武帝驾崩前大赦天下而告一段落,在大赦中,宣帝得以离开监狱,被丙吉送到了其祖母家。

所以,从宣帝的经历来看,他小时候的身子骨确实不太好。这也可能是宣帝本名叫"病已"的原因。身体底子差,在年轻的时候可能影响还不大,但到宣帝亲政之后,情况就不一样了。

许皇后陵

而且,《汉书·宣帝纪》有记载:"上始亲政事……五日一听事,自丞相以下各奉职奏事,以傅奏其言,考试功能。"

从这段记载来看,宣帝亲政后几乎是事必躬亲。他每五天听取一次朝堂群臣的汇报,而且还经常当场对官员进行考试。可以说,对朝堂之事,宣帝事无巨细,都是亲力亲为,这对他身体的消耗极大。宣帝驾崩时才43

岁，比他的曾祖父武帝少活了27年。这也从一个侧面证实了宣帝的身体并不怎么好。从史料记载看，宣帝基本上没有什么不良生活嗜好，以皇帝的医疗保障，他如果不是身子骨太差，本应该活得更长。

史料记载，霍光在位时，宣帝的结发妻子许平君皇后被霍光的妻子霍显买通御医毒害致死。对许后的千古奇冤，宣帝一直隐忍未发，反而按照霍光和霍显的意愿封其女儿霍成君为皇后。霍光死后，当霍显联手女儿霍成君皇后想对太子刘奭下手时，宣帝积压多年的愤怒终于爆发。他把杀许皇后的老账和试图谋害太子的新账一起算，先下手为强，以谋反罪族灭了霍家，废了霍成君的后位。

《汉书·宣帝纪》记载了霍显欲谋害太子刘奭一事："显前又使女侍医淳于衍进药杀共哀后，谋毒太子，欲危宗庙。逆乱不道，咸伏其辜。"从史料记载看，宣帝是个忍劲很足的人：霍光在的时候他忍着，霍光死后他还忍着，一直忍到皇位稳固并立了太子，才找准机会给许平君皇后报仇雪恨。"忍"字就是心尖上抵着一把利刃，这种天天都提心吊胆的状态，对宣帝身体和精神的伤害之大也可想而知。

[九] 封侯之谜

169

让宣帝长期忌惮的广陵王刘胥，于五凤四年（前54年）因诅咒宣帝被人告发，被迫自杀，封国被除。宣帝亲政后，刘胥曾被牵扯进楚王延寿谋反事件。那一次，宣帝不仅没有治刘胥的罪，反而前前后后赐予他黄金五千斤，这似可看出宣帝对叔祖刘胥不薄。但是，这一次刘胥巫祝宣帝事件发生后，宣帝却没有再次原谅刘胥。刘胥自杀的时候，距离宣帝立太子已过去13年。刘胥死后，宣帝对这位皇叔祖的忌惮之心才算彻底放下。

以广陵王刘胥来反观刘贺，宣帝给叔父辈的刘贺封侯，既是优待之举，也是现实所需。以宣帝的心性，在刘贺离开人世之前，他都不会彻底放下对前皇帝刘贺的忌惮之心。封侯不过是他掩人耳目送刘贺上不归路的行为。

但是，把刘贺往哪里封呢？

宣帝这一次的目光投向了豫章海昏，他仿佛看到了那里有一幅"江南卑湿，丈夫早夭"的苍凉画面。

海昏十谜

[十] 海昏之谜

刘贺传奇人生的最后一站定格在海昏侯任上。随着海昏侯刘贺墓的考古发现，这个传奇历史人物带给人们的惊讶和思考，如同浩渺的鄱阳湖湖水绵绵不绝。

汉宣帝为什么要把刘贺封到海昏为侯？解开这个谜，要从刘贺南迁海昏之前的所在地山阳郡说起。

宣帝为了让刘贺离开故土而决定给他封侯，他把目光投向了豫章海昏。宣帝封刘贺为海昏侯的同时还诏令他"不宜得奉宗庙朝聘之礼"，等于是剥夺了海昏侯刘贺去宗庙祭祀祖先的核心政治权利。

宣帝为什么要把刘贺封到海昏而不是别的地方？又为什么要剥夺刘贺去宗庙祭祀祖先的核心政治权利？

刘贺在受封海昏侯之前，除了称帝期间短暂地离开过故土外，一直在昌邑老家生活。作为第二代昌邑王，刘贺被废黜皇位后，其袭封的昌邑国被除国，恢复了山阳郡的称呼。刘贺成为山阳郡一个特殊的庶民。说他特殊，是因为这个庶民不仅有朝堂赐予的二千户汤沐邑，还继承了故王家财，并可以继续居住在故昌邑王宫中。刘贺被废为庶民后所享受的优厚生活待遇，在中国历史上亘古未见。

山阳郡是中国古代行政区划，在今天山东省菏泽市巨野县一带。天汉四年（前97年），汉武帝封皇子刘髆为昌邑王，以山阳郡置昌邑国。后元元年（前88年），刘髆薨，谥号"昌邑哀王"，刘贺承袭昌邑王位。元平元年（前74年）昭帝驾崩，刘贺短暂称

记有"南藩海昏侯臣贺昧死"等字样的奏牍

帝后旋即被废黜并遣送回昌邑老家，昌邑国除，改名山阳郡。此后，刘贺废居山阳。

从宣帝让刘贺在庶民十年后远离故土山阳迁徙去海昏封侯来看，宣帝对刘贺的去向安排颇费心思。刘贺废居山阳庶民十年都能熬过来，这让宣帝颇感意外。从宣帝的感受来看，山阳这块风水宝地到底是刘贺的家乡，看来很适合刘贺这位"故王"的生活。

从封刘贺为海昏侯来看，宣帝可能对"山阳"和"海昏"这两个地名都有过深入的研究。"山阳"即山之阳，也就是山的南面。古时候人们常以山水与阳光的向背来给地方命名。山南为阳，"邑在山之南，故以山阳名焉"。一般而言，山的南面都树木葱茏，植被明显比山的北面要好得多。万物皆同理，人也是一样，看来刘贺能在山阳活这么久是有原因的。

刘贺这么能熬，是不是与其长期生活在"山阳"这个地方有关呢？不能排除宣帝这么去想的可能性。宣帝通过异地封侯的方式让刘贺离开他的"山阳"老家，并给他安排去的地方是"海昏"，应该不是随意之举。如果简单地从地名的对照来分析，似乎能够看出一些端倪。"山阳"对"海昏"，"山"对"海"，"阳"对"昏"。简而言之，就是把刘贺从适合万物生长的山的南面，迁徙到湿气很重的水的西面。如果不是把"山阳"和"海昏"作这样一个对比，多数人都可能会被宣帝这种"乾坤大挪移"蒙蔽双眼。真是"帝王心，海底针"哪！

从山阳太守张敞给宣帝的奏报中描述刘贺"疾痿，行步不便"来分析，废居山阳的刘贺在庶民阶段的后期，似乎有了较为严重的风湿病。因此，宣帝把刘贺迁往海昏封侯，极有可能既是冲着"海昏"的地理位置去的，也是针对刘贺患有比较严重的风湿病去的。海昏地处江南的水乡泽国，湿气不是一般的重。刘贺在山阳就患有风湿病，到了海昏还不愈加严重？

从宣帝封刘贺海昏侯又诏令他"不宜得奉宗庙朝聘之礼"来看，这等于是明确地告诉刘贺，他人生剩下的日子就在海昏了，不要再有任何其他的想法。而从刘贺接到封侯诏令后举家南迁来看，刘贺几乎把昌邑老家的坛坛罐罐都带到了海昏，他应该是领悟透了宣帝给他封侯的本意，敏感地意识到再也回不去山阳故土了。刘贺封侯的这次南迁，应该是一次人、财、物的彻底迁徙。这从刘贺墓中富可敌国的财富，尤其是众多有昌邑特征的财物中可以得到印证。

从刘贺封侯四年就走完人生路，死时才34岁来看，围绕着给刘贺封侯并迫使他南迁海昏，一切都在按照宣帝内心所设想的那样往前走。如果把刘贺的庶民阶段与在海昏的封侯阶段做个对比，就会发现，刘贺在人生最低潮的庶民阶段熬过了十年，而在政治地位更高、生活保障更好、各方面待遇更优的列侯阶段，却只活了短短四年就匆匆离开了人世。这其中是不是真的像宣帝对山阳和海昏地名可能有过的研究那样，存在着什么玄机呢？

解析这个玄机，还需要对海昏的地理、历史和海昏侯刘贺家族爵位承袭等情况进行更详尽的分析。

海昏侯国的地理位置位于中国古代行政区划中的豫章郡（辖

境大致同今江西省）海昏县。豫章郡为汉高祖刘邦所设，下辖18个县，海昏县为古豫章18县之一。

按汉制，皇室后裔中诸侯王的封地一般以郡为国，列侯的封地一般以县为国。比如武帝的第三子燕王刘旦封地在广阳郡、武帝的第五子昌邑王刘髆的封地在山阳郡等，海昏侯刘贺的封地在海昏县。诸侯王与列侯的封地也会有调整，比如燕王刘旦因为自请荐立太子事件被武帝削去三个县的封地，海昏侯刘贺后来也因为"妄议朝政"被宣帝削户三千，等等。

海昏县的县治所在地应该是在今距南昌城北约40千米的永修县，海昏侯国的都城在海昏县境内。从今天海昏侯国考古发掘的情况来看，海昏侯刘贺家族墓园就在海昏侯国都城紫金城遗址不远处，距离当年的海昏县县治所在地的永修仅一水之隔。

据《水经注》记载："缭水又径海昏县。王莽更名宜生。谓之上缭水，又谓之海昏江，分为二水。县东津上有亭，为济渡之要。其水东北径昌邑城而东出豫章大江，谓之慨口。昔汉昌邑王之封海昏也，每乘流东望，辄愤慨而还，世因名焉。"从《水经注》的这个记载来看，刘贺在海昏侯任上经常乘船在水上活动，留下了刘贺身影的"慨口"，应该是在当年赣江与鄱阳湖交汇处的某个渡口。

2000多年前的豫章郡海昏县，相对中原地区来说，偏远而神秘。自第一代海昏侯刘贺开始，海昏侯国在历史上断断续续地延续了100多年。刘贺刚受封海昏侯时，海昏侯国的规模是四千户食邑，比刘贺在山阳郡的二千户汤沐邑，封地人口整整多了一倍。从当时的豫章郡人口规模来看，海昏侯国的封地规模与当时的海

永修县吴城老码头

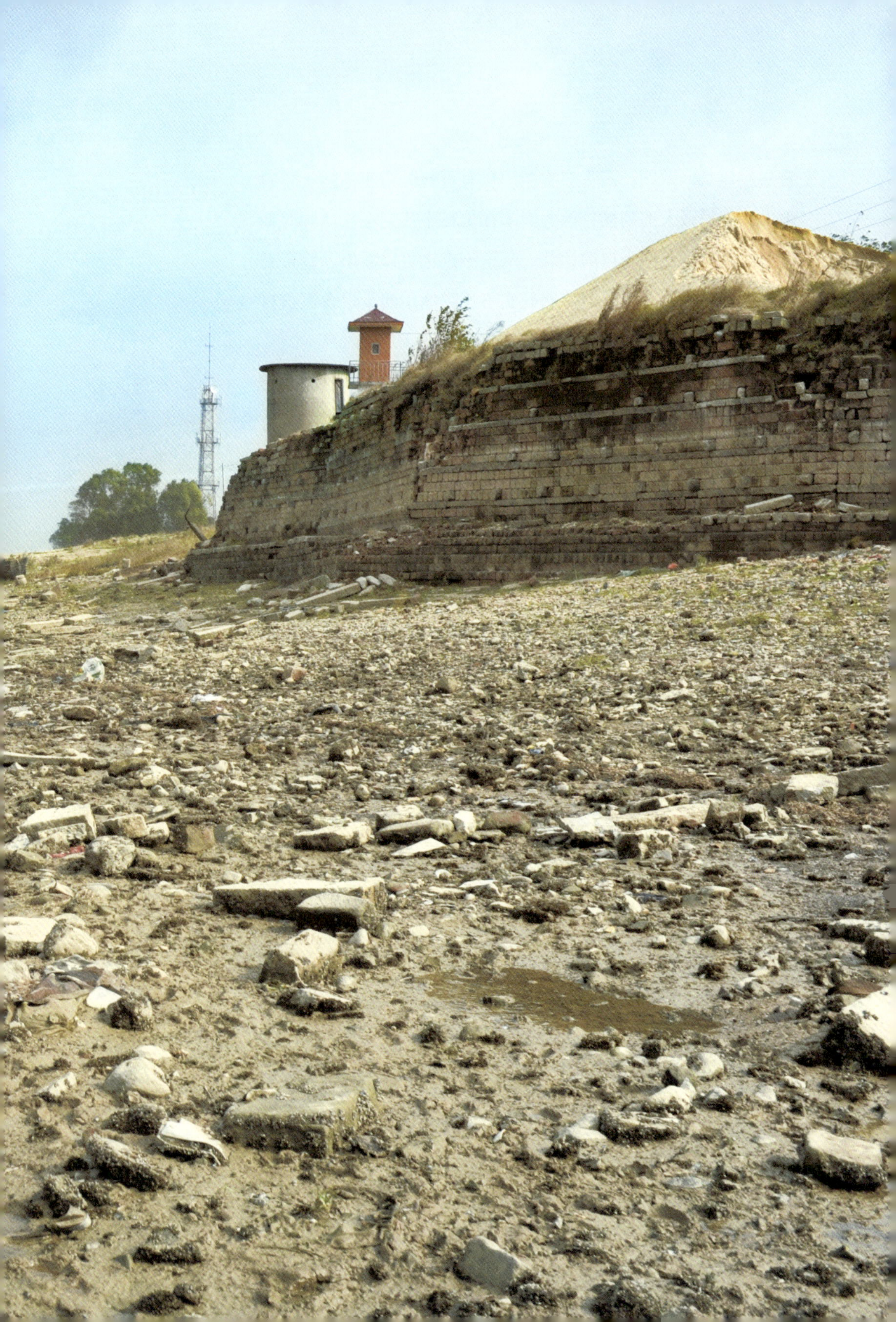

昏县应该是一致的。四千户食邑，极有可能是当年江南一带封地人口规模最大的列侯，因为尚未在史料中找到在江南同时期有列侯超过食邑四千户的记载。从这一点也可以看出，宣帝对刘贺的南迁封侯，给出的待遇确实不凡。他用四千户食邑给自己博得了与舜帝一样的明君声誉。

有学者按《汉书·地理志》有关记载做过推算，西汉时期，豫章全郡总户数只有6万余，人口约为15万之众，而当时的山阳郡约有17万户80万之众。仅仅从人口来对比，山阳就甩了豫章好几条街，发展的差距不是一星半点。"江南卑湿"之地名副其实。

海昏县在当时的豫章18县中应该属于比较大的县，根据地方志的记载，海昏县主要分布在鄱阳湖西岸，大致包括今日的永修、武宁、靖安、安义、奉新、新建6个县区的大部分范围。刘贺的四千户食邑应该就是海昏县的范围。后来刘贺被宣帝削户三千，海昏侯国的规模被大大削弱，应该主要分布在海昏侯国国都附近的区域，即今天的南昌市新建区一带。刘贺之后的历代海昏侯，封地也基本就在这个范围。

刘贺死后不久，其有资格承袭爵位的长子刘充国、次子刘奉亲都先后莫名其妙地去世。于是豫章太守廖某奏言："舜封象于有鼻，死不为置后，以为暴乱之人不宜为太祖。海昏侯贺死，上当为后者子充国；充国死，复上弟奉亲；奉亲复死，是天绝之也。陛下圣仁，于贺甚厚，虽舜于象无以加也。宜以礼绝贺，以奉天意。愿下有司议。"后"议皆以为不宜为立嗣，国除"。

豫章廖太守在奏言中再次说到了对宣帝封刘贺为侯的评价，"陛下圣仁，于贺甚厚，虽舜于象无以加也"。宣帝当年

舜帝像

封刘贺为海昏侯时的诏令是"盖闻象有罪，舜封之，骨肉之亲，析而不殊。其封故昌邑王贺为海昏侯"。廖太守的奏言是对当年宣帝封刘贺为侯的又一次呼应，他的奏言也再一次说明，当年宣帝给刘贺封侯的谋划确实得到了好评。

豫章太守的奏言，用今天的话来解读，是说上古时期的圣君舜将嚚顽不化的弟弟象封在有鼻之国；象死后，舜帝没有给象立嗣以承袭爵位。舜帝之所以这样做，是因为暴乱之人不应当作为一国的始祖来对待。海昏侯刘贺死后，上报承袭海昏侯爵位的是他的儿子刘充国；刘充国死后，又上报他的弟弟刘奉亲承

鄱阳湖的黄昏

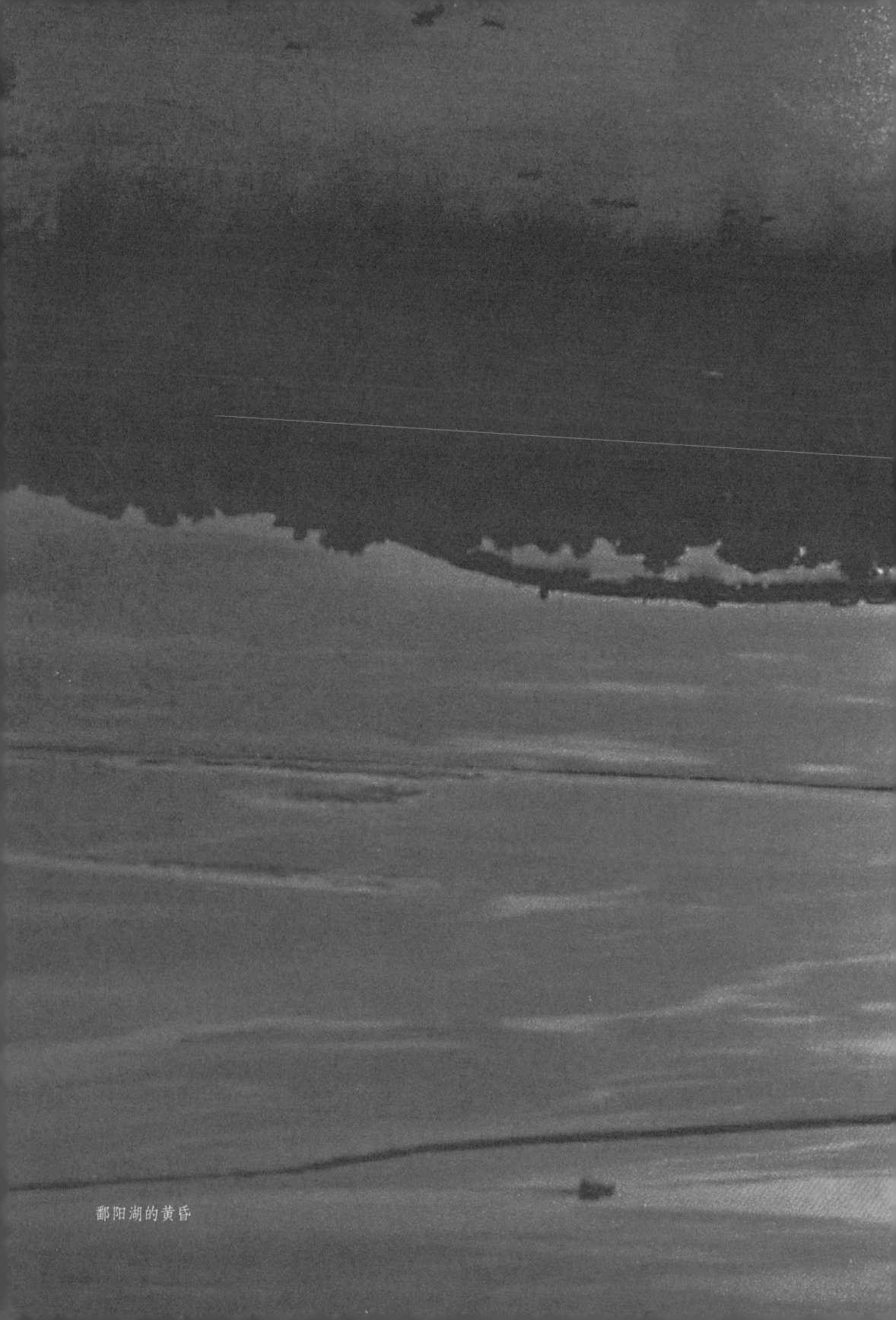

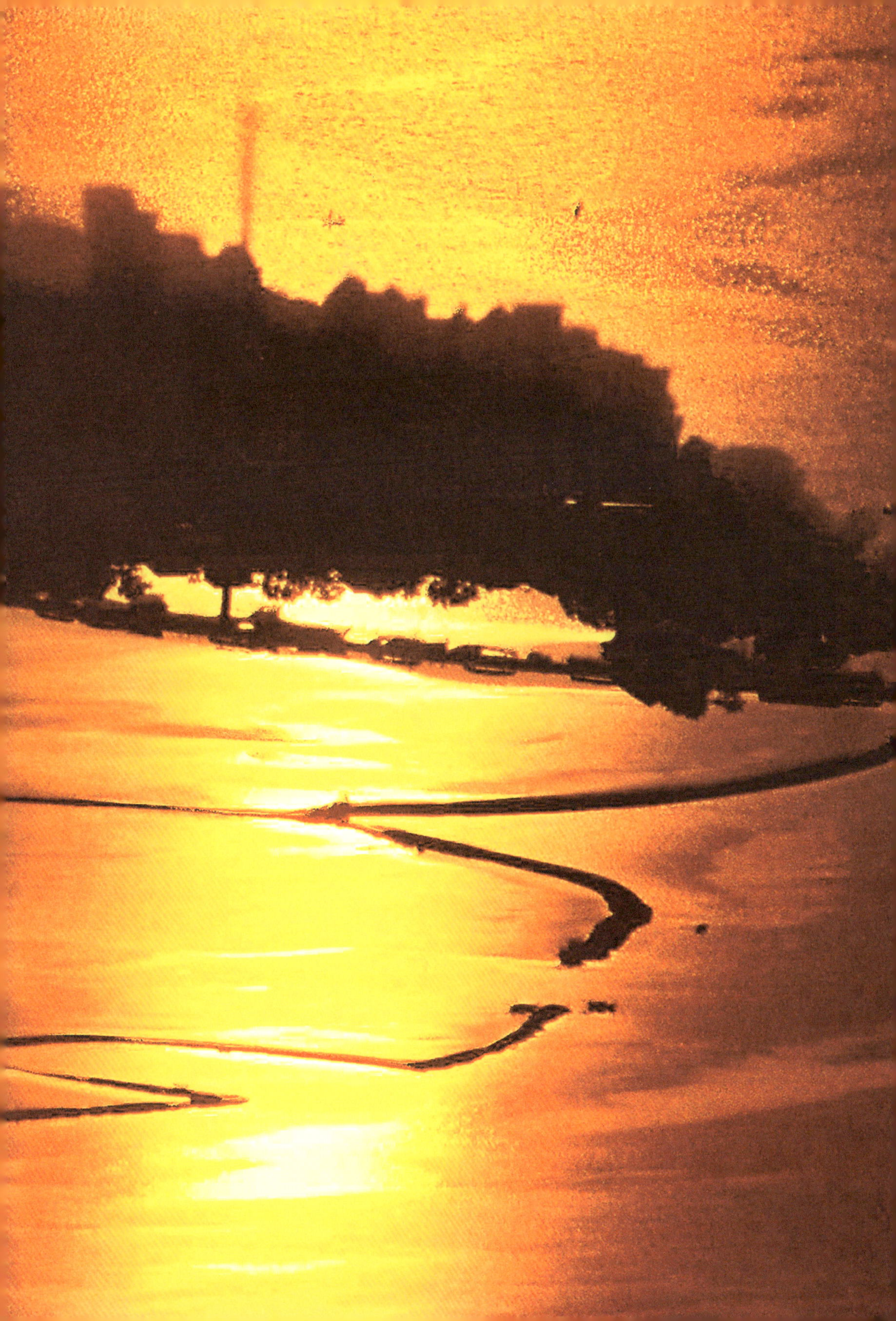

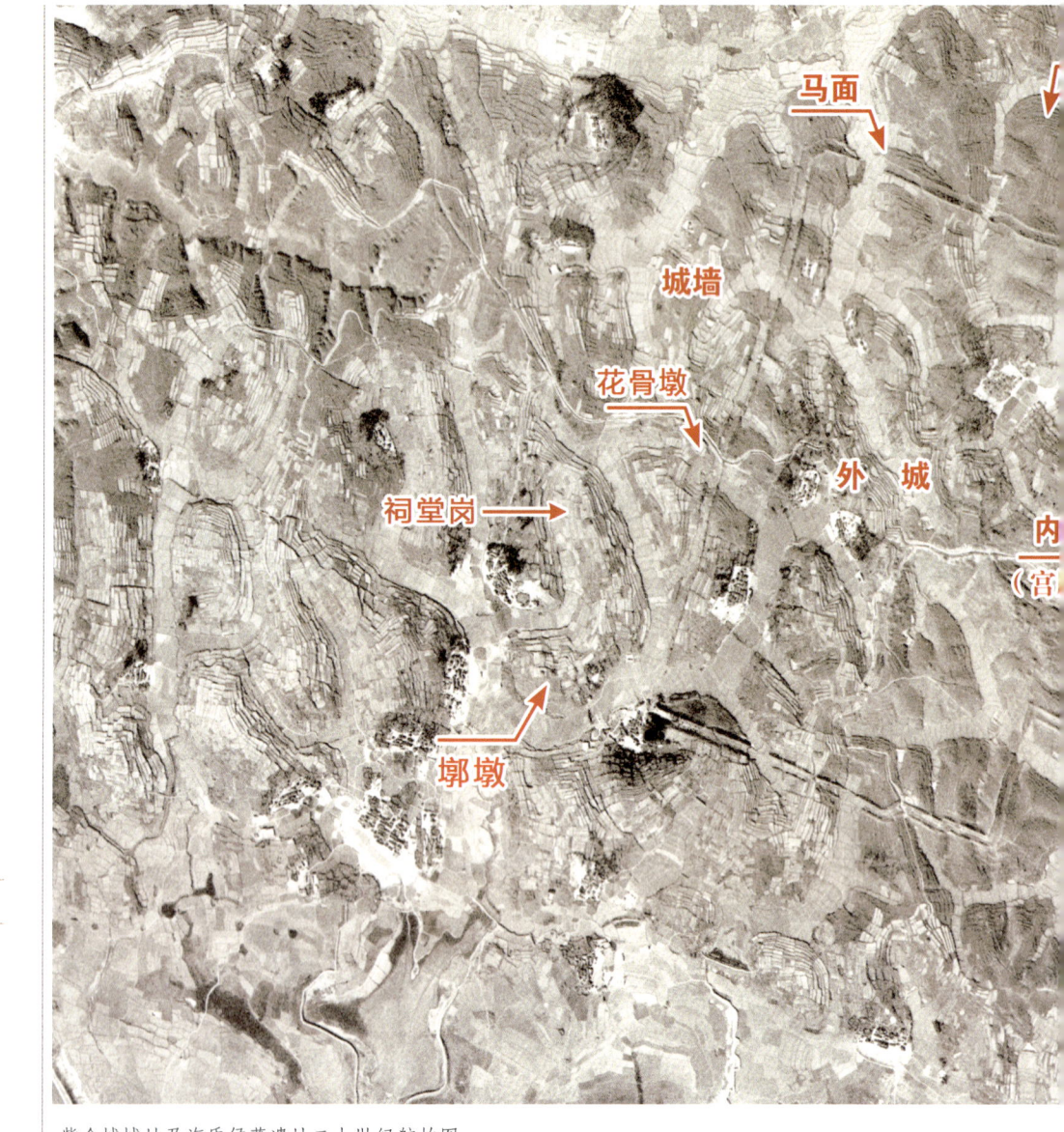

紫金城城址及海昏侯墓遗址二十世纪航拍图

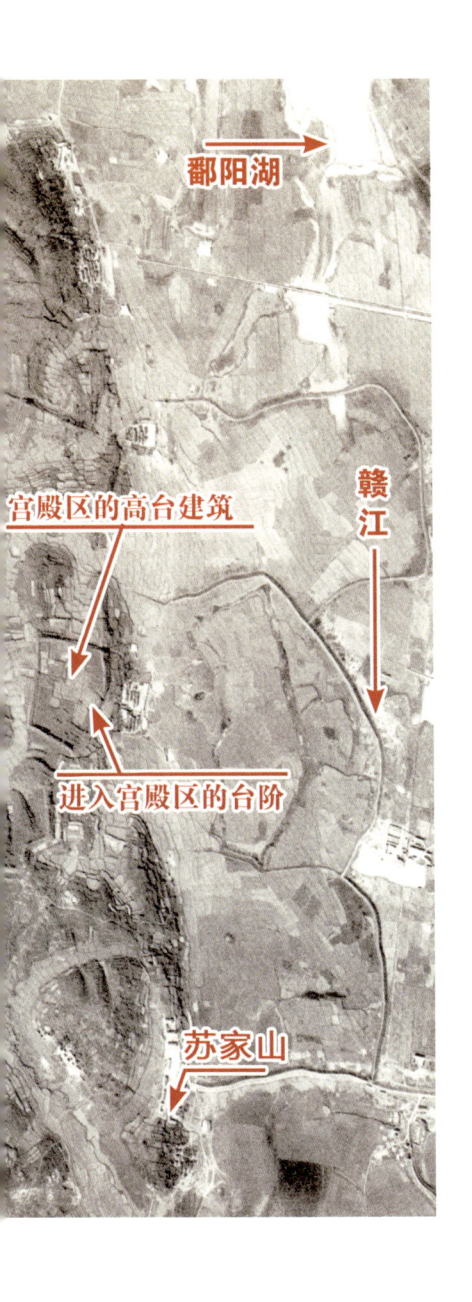

袭爵位；现在刘奉亲也死了，这是上天要绝刘贺啊。陛下圣明仁爱，给刘贺的待遇已经是非常优厚了，即使是当年舜帝给象的待遇也无法超过。所以，按照舜不为象立嗣来处理，就应当断绝刘贺列侯爵位的承继，以奉行天意。

廖太守奏言后不久，朝廷经过讨论一致认为不应该给刘贺立嗣，海昏侯国随即被废除。

在刘贺墓的出土文物中，有一份珍贵的海昏侯国"国除诏书"。"国除诏书"出土位置在墓主椁室的西室，即墓主人的客堂或书房，它的北面放置有床榻，孔子镜屏和用漆盒装好的一盒盒马蹄金、麟趾金、金饼等。从客堂中放置床榻来看，海昏侯刘贺的风湿疾患比在山阳时严重得多，以至于在客堂会客时，都得躺在床榻上进行。

"国除诏书"长度大约为23厘米，为汉代的一尺。"国除诏书"的书写格式为竖排的两行，书写文字为隶书。

海昏侯墓文物国除诏书

　　据海昏侯墓考古队领队杨军介绍,"国除诏书"的大致意思是:刘贺死后,当时的豫章太守上奏说,刘贺侯爵的指定继承人刘贺之子刘充国、刘奉亲均已去世,证明这是"上天要断绝他的祭祀",因此请求朝廷不再为海昏侯国确立继承人,建议对海昏侯国予以"除国"。接到豫章太守的奏书后,宣帝特地召开公卿会议进行研究。经大臣讨论,皇帝批示,海昏侯国被废除。

　　这份"国除诏书"的流程清晰,记载了"海昏侯国被除国"这一事件的五个步骤:一是豫章太守上"除国奏",提议对海昏侯国"除国";二是宣帝刘询认为兹事体大,要求百官开会讨论研究;三是百官讨论后一致赞同"除国",并在"除国奏"上署名;

四是宣帝在"除国奏"上批示"制曰可",对"除国"予以批准;五是朝廷将"国除诏书"下发给豫章郡、海昏侯国,宣布正式除国。

从"国除诏书"记载的时间来看,海昏侯国除国的时间是在刘贺死后一个多月。在"除国奏"上署名的百官中,大部分是中二千石以上的高官,其中有汉宣帝时期名列"麒麟阁十一功臣"的丞相丙吉、御史大夫萧望之及掌宗庙礼仪的太常苏昌等朝堂要员。这说明宣帝对海昏侯国"除国"一事特别谨慎,尽管刘贺已死,心头之患已除,但他还是待群臣商议都赞成后,才同意"除国",总算遂了自己给刘贺封侯海昏的初愿。都说岁月是一把杀猪刀,这次躺进海昏岁月里的是刘贺。

"国除诏书"记录刘贺准确的死亡时间是汉宣帝神爵三年九月初八(前59年10月6日)。10月正是南方的夏秋之际,时令水果就是香瓜。考古发现在刘贺遗骸的腹部有未消化的香瓜子,这证明了此前考古专家对刘贺死亡时间是在夏秋之际的推断,与"国除诏书"记载的刘贺死亡时间完全一致。

初元三年(前46年),在刘贺死去十多年,汉元帝刘奭重新封刘贺之子刘代宗为海昏侯。刘代宗死后传子刘保世。王莽代汉建立新朝时,海昏侯国被废除,刘保世被削藩贬为庶民。刘秀建立东汉后,恢复刘氏天下,刘保世之子刘会邑又被恢复为海昏侯。至东汉永元十六年(104年),海昏侯国才被彻底废除。

从元康三年刘贺受封海昏侯算起,到东汉永元十六年海昏侯国被最终废除,海昏侯国的存续时间断断续续共有167年之久。

刘贺在海昏侯任上短短四年就离开了人世,验证了一种说法,即刘贺被封侯海昏,意味着距离死亡更近,其背后隐藏着极深的政治动机。为什么这么说呢?因为在汉代,江南一带因为湿气重,男人多短寿。《史记·货殖列传》记载:"江南卑湿,丈夫早夭。"

据说三国时期的长沙，因男子多病及夭折，很多家庭不得不以妇女为户主和充当主要劳动力，由此存在着男女性别比例失调的状况。

有学者研究指出，汉代以来，"南土卑湿"被视为是一件生死攸关的大事。《史记·屈原贾生列传》记载，贾谊至长沙时，对南方卑湿环境充满了恐惧，认为"长沙卑湿，自以为寿不得长"。宣帝将刘贺封侯于海昏，不排除是希望借此加重他的病情，让他早点离开人世。宣帝看起来优待刘贺的做法，实质上却"杀贺于无形"。刘贺心里的苦楚都留在了他在慨口屡次"愤慨而还"中。

据史料记载，刘贺被封侯后，仍然受到了地方官员的严密监视。《汉书·武五子传》记载："数年，扬州刺史柯奏贺与故太守卒史孙万世交通，万世问贺：'前见废时，何不坚守毋出宫，斩大将军，而听人夺玺绶乎？'贺曰：'然。失之。'万世又以贺且王豫章，不久为列侯。贺曰：'且然，非所宜言。'有司案验，请逮捕。制曰：'削户三千。'"

刘贺与孙万世对话的言辞，无疑有"妄议朝政"之嫌。从宣帝后来对刘贺削户三千的反应来看，其"心内忌贺"始终未真正解除，"骨肉之亲"的温和面纱终被揭开。宣帝趁机削户三千，给刘贺以沉重的打击。刘贺在庶民时期尚有二千户汤沐邑，在海昏侯爵位上最后却只有一千户食邑，这种羞辱和打击让刘贺不堪承受。

《汉书》对刘贺死亡的记载只有"后薨"二字，给后世留下了无限的想象空间，也留下了一个待解的千古之谜。这个谜团，在我完成本书的创作时还没有参透，要留给有心人去解了。

后记 海昏侯的"史鉴价值"

　　自写完"海昏侯三部曲"后，我的日常工作和生活好像便与海昏侯有了某种特殊意义的关联。与朋友见面聊天时，话题聊着聊着不知不觉就会聊到海昏侯。有的朋友见面就问我，最近又有什么海昏侯新作啊？又到哪里去做讲座了啊？也有朋友会问我，海昏侯家族墓园其他几座墓什么时候发掘？海昏侯国遗址公园下一步有什么建设计划？疫情之下海昏侯文物展览馆是否开放？诸如此类十分专业的问题。更有甚者，会热情地邀请我去参观他收集到的疑似汉代时期的文物，让我去给他鉴鉴宝，仿佛我很专业似的。有时候被问得不知道该怎么回答，我只好故作高深地一笑应付了之。

然而，随着最近几年来一场又一场海昏侯文化专题讲座的举办，随着经常参与有关部门举办的海昏侯文化研讨，我对如何讲好海昏侯故事也有了更多也更深的体会和感悟。

我曾在一次关于"如何讲好海昏侯故事"的研讨交流中，把讲好海昏侯故事归纳成"三物"和"十谜"。所谓"三物"，就是围绕"出土文物""历史人物"和"新生事物"三个维度，讲清楚海昏侯墓出土文物的丰富性、海昏侯刘贺这个历史人物的唯一性、海昏侯墓考古这个新生事物有别于其他考古事物的独特性。所谓"十谜"，就是把海昏侯故事分解成发现之谜、幸存之谜、财富之谜、身世之谜、称帝之谜、废帝之谜、不杀之谜、庶民之谜、封侯之谜、海昏之谜等十大谜团，使海昏侯故事既能系统集成，又能各自成篇。我的那次发言得到了专家们的肯定。有专家甚至调侃我仿如"海昏侯灵童转世"，说从这"三物"和"十谜"可以感受得到，我对讲好海昏侯故事倾注了非同寻常的心血。其实，我自己内心知道，我之所以能有"三物""十谜"的感悟，一切都源于对海昏侯那段历史和对与海昏侯刘贺同时代的那些历史人物的思考。

后来，我便动了一个念头，以"海昏十谜"为题，再写一本关于海昏侯的通俗读本，让每一个想了解海昏侯的人，都能从这本书中了解到他想知道的关于海昏侯的一切的一切……

南昌汉代海昏侯国考古发掘是近些年来江西在全球影响最大的事件之一。海昏侯国考古不仅因为出土了巨量的珍贵文物而震惊世界,更因为发掘出了中国历史上唯一一个集王、帝、民、侯于一身的特殊历史人物刘贺而轰动一时。随着南昌汉代海昏侯国国家考古遗址公园于2020年9月23日盛大开园,全方位地讲好海昏侯故事进入了一个新的阶段。

刘贺是第一代海昏侯,曾经当过27天皇帝就被废黜为庶民,是我国西汉历史上在位时间最短的皇帝,史称"汉废帝"。刘贺的一生集昌邑王、汉废帝、庶民、海昏侯四种角色于一身,在海昏侯任上离开人世时年仅34岁,在中国历史舞台上演绎了一场从轻狂任性的少年到攀上至尊帝位,再从辉煌的权力巅峰走向愤慨早逝的传奇人生悲剧。刘贺的这种特殊经历在中国历史上唯此一人,可谓是"千古悲摧"!

我的"海昏侯三部曲"系列历史小说写的就是西汉中期三个命运紧密关联的历史人物:第一代海昏侯刘贺、大将军霍光、汉宣帝刘询。刘贺当皇帝是霍光所立,只当了27天就又被霍光废黜,我称之为"悲摧天子";刘贺之后继位称帝的刘询同样是霍光所立,刘询作为"巫蛊遗孤",襁褓之中就被系大狱,出狱后在民间长大,我称之为"布衣天子";霍光是汉武帝之后大汉朝的实际当家人,执掌朝政长达19年,他辅佐了汉武帝之后的三任皇帝(汉昭帝、汉废帝、汉宣帝),上管天子,下管群臣,我称之为"隐形天子"。

刘贺、霍光、刘询这三个历史人物，串联起中国西汉时期从"汉武盛世"到"孝宣中兴"这样一个大时代，前后时长近百年。关于刘贺、霍光、刘询以及那个时代众多历史人物的为人、政治作为等，后世有很多说法，民间更是众说纷纭。

人们常说，历史是最好的老师，也是最好的清醒剂。海昏侯刘贺墓出土的巨量文物，给今天的人们研究海昏侯那段历史提供了珍贵的实物资料。刘贺作为一个历史名声并不佳的封建帝王，墓中的文物揭示出他生前在海昏侯爵位上的生活应该是极尽奢华的，尤其是海昏侯墓出土文物所代表的巨额财富，可谓是富可敌国，赚足了大众眼球。

讲好海昏侯的故事，不能仅仅把目光投向以马蹄金、麟趾金、金饼、五铢钱等代表着财富的精美文物上，而更应该把目光投向刘贺所处的历史时代深处，深入发掘海昏侯的史鉴价值。以史为鉴，观照当下，这是讲好海昏侯故事的精华要义之所在。

站在以史为鉴的角度，我提出了六个"不可任性"的历史思考。这六个"不可任性"是我每一场海昏侯文化专题讲座都必须要分享的内容，也是萦绕在《海昏十谜》这本书中的文化内核。

有权不可任性。刘贺在大汉天子的最高权力位置上为什么仅仅27天就迅速走向失败？我认为最重要的原因就在于其有权任性。据《汉书》记载，刘贺一当上皇帝，就大搞任人唯亲，把昌邑国的旧臣封赏了一大批，连在昌邑国给他驾车的车夫都提拔到朝廷做了官，而对拥戴自己当皇帝有功的以霍光为首的一班老臣却了无封赏，甚至让老臣们"靠边站"。民间有一种流传广泛的说法，说刘贺称帝27天做了1127件坏事。而《汉书》的记载，是说刘贺称帝后派出了大量使者向各个官署传达诏令，征索物品，共有1127起。不管是下了1000多道征索物品的诏令，还是做了1000多件坏事，对于一个刚刚走上最高权力位置的皇帝来说，都属任性至极。有权就任性，有权也容易任性。"把权力关进制度的笼子里"，是历史给当下和未来的深刻启迪。

年轻不可任性。刘贺成为大汉天子的时候才19岁，正值英年。刘贺5岁承袭父亲的昌邑王位，成为第二代昌邑王。19岁那年，因为当朝皇帝汉昭帝刘弗陵驾崩无子，昌邑王刘贺被霍光选中继承大位。刘贺当皇帝之前，在昌邑国的"一亩三分地"上，这个年轻人说了就算，定了就干。《汉书》记载了刘贺当昌邑王时不少的荒唐事，比如不爱读书、喜好游猎玩乐、不守礼节、不听劝谏、封赏无度等，表现得就很任性。刘贺在去长安城准备接班的路上，在朝廷使臣的眼皮子底下，想的和做的仍然是玩乐之事。刘贺当皇帝的失败，除了败在有权任性上，也跟他年轻任性有很大关系。刘贺之后的皇帝是汉宣帝刘询，他接任皇位的时候比刘贺还要年轻，只有18岁。刘询深刻地吸取了前任刘贺失败的教训，在霍光的辅政下，战战兢兢，留下了一个著名典故"芒刺在背"。《汉书》记载刘询一直到霍光死后才开始亲政，一生勤勉，创下了史称"孝宣中兴"的伟业。

把刘贺与刘询这两个前后任的皇帝做一个对比，刘贺可谓是"任性一阵子，懊悔一辈子"，而刘询则"从不任性，终成大业"。

有颜值不可任性。刘贺所处的时代，是高颜值的时代，中国历史上两个著名的典故"金屋藏娇"和"倾国倾城"都发生在那个时代。"金屋藏娇"的主角是汉武帝的第一任皇后陈皇后。陈皇后的娘家对汉武帝刘彻登上皇位出了大力，立有大功。陈皇后当了皇后以后，便恃宠而骄，把后宫折腾得鸡飞狗跳，没过几年就被汉武帝剥夺了皇后之位，迁入长门冷宫。陈皇后最终在长门冷宫郁郁而终，可谓是"任性一阵子，冷宫一辈子"。"倾国倾城"的主角是刘贺的亲奶奶、历史上有名的李夫人。《汉书》记载李夫人是汉武帝一生中最宠爱的妃子，她虽然最受宠却毫不任性，对待下人很好。然而李夫人红颜薄命，给汉武帝生下了皇子刘髆后不久就身染重病。《汉书》记载李夫人在病中坚决不让武帝看见她的病容，每次武帝来看她时都是以被覆面。李夫人在病中向武帝交代身后事，请求看在往昔恩爱上照顾好自己的儿子和兄弟。她在病中留下的感叹"夫以色事人者，色衰而爱弛，爱弛则恩绝"，堪称千古名言。李夫人逝后，汉武帝封其子刘髆为昌邑王，封其兄李广利为贰师将军、海西侯，另一个哥哥李延年也被封为协律都尉。昌邑国地处黄河要道，历来是兵家必争之地，在汉武帝的几个皇子中，刘髆的封地最好。李夫人的亲孙子刘贺在帝位上"废而不杀"，也堪称历史传奇了。

有功劳不可任性。刘贺的立与废，以及刘询能够当上皇帝，都跟大将军霍光的选择有关。汉武帝临终前将皇位传给了最小的儿子、年仅8岁的刘弗陵，并委任最信任的霍光担任首辅。汉武帝之后，霍光成了大汉朝的实际当家人。在长达19年的辅政期间，霍光作为首辅，勇于纠正汉武帝晚年的征伐政策，采取有效措施鼓励生产和流通，使武帝之后大汉朝千疮百孔的危局很快稳定下来，并使百姓得到休养生息，成为西汉复兴的第一功臣，位列汉宣帝所点"麒麟阁十一功臣"之首。从历史的眼光看，霍光是大汉朝从"汉武盛世"走向"孝宣中兴"的核心人物，于汉室江山社稷有大功。但是他也自恃对国家有功，利用首辅的身份，上管天子，下管群臣，"顺我者昌，逆我者亡"，通过操纵皇位人选的立与废，成为大汉朝的"隐形天子"。霍光逝后虽然享受了皇帝一样的待遇，但逝后两三年，就被汉宣帝灭了全族。有功劳容易任性，只有做到不任性，才能行稳致远。

有靠山不可任性。汉宣帝本是靠着霍光的扶持才走上大汉天子至尊之位的，他之所以会在霍光死后两年就向霍氏家族发难，最核心的原因是以霍光为靠山的那些人太不像话。霍光在世的时候，他的妻儿亲友和众多的门生故吏盘踞朝廷内外，横行无忌。他们以霍光为靠山，颐指气使，风光无限。尤其是霍光的老婆霍显，为了让女儿霍成君当上皇后，竟然买通御医淳于衍，在当朝皇后许平君吃的药里偷偷下毒，毒死了许后。许后死后，宣帝下令追查，把给皇后看病的御医都抓了起来严审。

这个时候，霍光出面阻止了宣帝追查。霍光死后，宣帝刘询用了两年的时间将霍系人马从朝廷关键岗位调开，将朝政大权牢牢掌握在自己手里，然后开始追查许后之死，查出是霍显指使人所为，而霍光知情不报，压案不查。霍显见事情败露，狗急跳墙，纠集霍氏仍然很强大的力量准备效仿废黜刘贺的旧案，废黜刘询，让自己的儿子霍禹做皇帝。愤怒的宣帝先下手为强，灭了霍氏全家。有靠山容易任性，历史一再警示后人。

有冤屈不可任性。刘贺所处的西汉中期有两个著名的大冤案，一个是汉武帝晚期的"巫蛊之祸"，一个是汉宣帝早期的"许后之死"。"巫蛊之祸"使官廷内外陷入惶惶不可终日的窘境中，《汉书》记载长安城因巫蛊牵连致死的有数万人，就连皇亲国戚也不能身免。太子刘据和皇后卫子夫也被查案官员苦苦相逼。作为汉武帝悉心培养多年的接班人，刘据只要忍到年迈的汉武帝逝去，江山就会到手，可惜太子没有忍住。刘据利用汉武帝外出太子监国的权力，调动母后卫子夫和太子东宫的卫队，在长安城起兵，杀了以江充为首的一班查案官吏，闯下了弥天大祸。武帝派兵攻打太子，父子相残，长安城血流成河。太子最终兵败，在逃亡路上被人告发而自杀身亡，连累母后卫子夫也自杀身亡。"许后之死"案中，宣帝刘询忍了又忍，霍光在世的时候忍，霍光死后还忍了两三年，直到权力稳固才开始追查许后之死，最终灭了霍氏，雪了心头之恨。在这两个冤案中，本不那么任性的太子刘据偶一任性就丢了江山和性命，而始终不那么任性的刘询却最终能报仇雪恨,并成就了"孝宣中兴"的伟业。古话常说,不平则鸣。但在冤屈面前,如果能不任性,忍常人之不能忍,便是非常之人。就像韩信,能忍胯下之辱,终成领军百万的将帅。

有先哲说过,"一切历史都是当代史"。朱虹先生在给我的"海昏侯三部曲"第三部《布衣天子——刘询的前世今生》作序时说:这六个"不可任性",是"海昏侯三部曲"的"魂",也是讲好海昏侯故事的"魄"。

海昏侯的史鉴价值,正在于此。

图书在版编目（CIP）数据

海昏十谜 / 黎隆武著. -- 南昌：二十一世纪出版社集团, 2022.9（2023.10 重印）

ISBN 978-7-5568-6585-7

Ⅰ.①海… Ⅱ.①黎… Ⅲ.①汉墓－出土文物－介绍－南昌 Ⅳ.①K878.8

中国版本图书馆 CIP 数据核字（2022）第 084720 号

海昏十谜
HAIHUN SHI MI

黎隆武 / 著

出 版 人：	刘凯军
责任编辑：	谈炜萍　陈文平
营销编辑：	刘莺倩　胡贵荣
书籍设计：	梅家强　胡文欣　彭 渤
摄　　影：	江西省文物考古研究院　保 罗　李子青　李一意
出　　版：	二十一世纪出版社集团有限公司
社　　址：	江西省南昌市子安路 75 号
邮　　编：	330025
网　　址：	www.21cccc.com
发　　行：	全国新华书店
印　　刷：	南昌市红星印刷有限公司
版　　次：	2022 年 9 月第 1 版
印　　次：	2023 年 10 月第 3 次印刷
印　　数：	20,001~25,000 册
开　　本：	720 mm × 960 mm 1/16
印　　张：	13
字　　数：	147 千字
书　　号：	ISBN 978-7-5568-6585-7
定　　价：	35.00 元

赣版权登字 -04-2022-229　版权所有，侵权必究

购买本社图书，如有问题请联系我们；扫描封底二维码进入官方服务号。
服务电话：0791-86512056（工作时间可拨打）；服务邮箱：21sjcbs@21cccc.com。